GAY HARDCORE 18

# Volle Ladung

Nick Holzner

BrunoBooks

Gay Hardcore 18

Salzgeber Buchverlage GmbH
Prinzessinnenstraße 29, 10969 Berlin
buch@salzgeber.de


Printed in Germany

ISBN 978-3-95985-407-8

**Die in diesem Buch geschilderten Handlungen sind fiktiv.**

**Im verantwortungsbewussten sexuellen Umgang miteinander gelten nach wie vor die Safer-Sex-Regeln.**

## BUDAPEST – WIEN:
# Ausritt auf der Balkanstute

Es hatte sich gelohnt, so früh aufzubrechen, noch vor der ersten Dämmerung. Vor mir lag die leere Landstraße, die sich als helles Band durch die reizvolle Berglandschaft zog, dazu gab es einen strahlend schönen Sonnenaufgang. Wow!

Ich hätte jauchzen können vor Freude, legte einen Gang zu und donnerte mit meinem Sieben-Tonnen-Bock eine zehnprozentige Steigung hinunter, rechts von mir eine Steilwand, auf der anderen Seite, gleich neben der Spur für den Gegenverkehr – den es gerade nicht gab – der Abgrund mit Blick in felsige Schluchten und bewaldete Täler, schwarz noch, im Nachtschlaf. Und da, da vorne zwischen den beiden Bergkuppen leuchteten feuerrot die ersten Sonnenstrahlen, ließen die Gipfel erglühen, heller jetzt, eine Lichtflut, bald nur noch Strähnen von dunklem Rot in einer Welle von gleißendem Weiß, das sich schnell ausbreitete. Der langsam aufsteigende Sonnenball war viel größer, als ich erwartet hatte, einfach riesig! Geil! Ich drückte aufs Horn und hatte das Gefühl, der dröhnende Hupton würde den Bock noch beschleunigen.

Das Lenkrad sicher im Griff, gehorchte mir die Maschine mühelos, und ich rauschte durch die Senke, dann die nächste Steigung hinauf. Glücksgefühle, mein Herz ging auf, ich dachte an gestern Abend, an Dinu …

Raus aus der Mühle, den anstrengenden Tag hinter mir lassen und erst mal duschen. Ein Typ hüpft aus dem Truck direkt neben mir, Handtuch um den Hals, Waschzeug in der Hand, hat wohl dieselbe Idee wie ich. Dreht sich mit einem kurzen Blick zu mir um, wirft die lackschwarzen, halblangen Haare über die Schulter, nickt mir zu. Hossa! Aus der unrasierten Fresse mit den schwarzen Bartstoppeln blitzen mir helle Augen entgegen, ein Treffer direkt in meine Magengrube – oder eigentlich in meine Eier. Denn durch dieses Funksignal, das so was wie ›geile Drecksau‹ heißt, werde ich sofort scharf. Genau solche Kerle, braun gebrannt und schwarzhaarig, mit viel Balkan im Blut, machen mich an.

Ich bleibe stehen und krame in meinem Beutel, um ihn vorgehen zu lassen, merke, wie meine Eier schwer werden, als ich ihm folge, sein breites Kreuz und den netten Arsch bewundere, seinen lässigen Gang, die sorglos verdreckten, schmierigen Jeans und das verschwitze T-Shirt, hellblau mit schweißfeuchten Stellen unter den Achseln und zwischen den Schulterblättern. Die turmhohen Lampen sind schon auf Nachtmodus gestellt, aber die sommerheiße Luft scheint noch in den rotgoldenen Lichtkegeln zu flirren. Meine Augen sind müde, doch nach ein paarmal Zwinkern hört das Flirren auf. Ich hole tief Luft, versuche, den hormongetränkten Schweißdunst des Kerls zu inhalieren, aber er ist natürlich zu weit weg, als dass ich was riechen könnte.

Jetzt bleibt er stehen, zündet sich eine Zigarette an, nur wenige Schritte vom Waschhaus entfernt. Mein Herz klopft, ich will ihn ansprechen, aber er nickt wieder, zieht an einer Kippe, die er zwischen Daumen und Zeigefinger hält, und dreht sich auch schon weg von mir. Mist!

Im Eingangsbereich kommt mir ein Mann entgegen, auf dem Weg zurück zu seinem Truck, frisch geduscht, nackter Oberkörper, Shirt über der Schulter. Nicht schlecht, auf diese bärige Art, bisschen Bauch, behaarte, breite Brust, kräftige Arme und nette Fresse mit Dreitagebart. Ich sehe ihm nach, während er rausgeht, aber er dreht sich nicht um. Schade!

Mann, bin ich geil! In einer Kabine höre ich Wasser rauschen, ich gehe in die daneben, aber leider sind die Dinger hermetisch abgeschlossen. Keine Ritze, durch die man irgendwas sehen könnte. Der nächste Dämpfer!

Mein Schwengel schwillt beim Einseifen sofort an, und ich überlege kurz, ob ich wichsen soll. Ein paar Kabinen weiter zieht sich jetzt bestimmt mein Trucknachbar aus, macht sich nackt, mhmm. Aber gerade, weil ich an ihn denke – noch durchaus hoffnungsvoll, man weiß ja nie! – und an die Hitze da draußen, entscheide ich mich erst mal für kaltes Wasser. Der Duschstrahl ist breit und kräftig, genau richtig für eine Abkühlung.

Als ich am Waschbecken draußen die Zähne putze, kommt mein Balkankerl aus seiner Kabine, in Shorts und Slipper, die Haare noch nass, schmeißt seinen Kram in die Ecke des Waschtisches und fängt an, sich ebenfalls die Zähne zu putzen. Wir sind allein. Unsere Blicke treffen sich im Spiegel, er grinst unverbindlich freundlich mit schaumigem Mund, ich grinse zurück, spucke aus und spüle, nicht sicher, ob ich länger grinsen soll, länger glotzen. Verstohlene Spiegelblicke auf seinen nackten Oberkörper, die niedlichen Nippel, die schwarz behaarte Brust, die Haarlinie, die aus der Hose zum Bauchnabel verläuft. Fest ist er, der Bauch, warme, samtbraune Haut.

Der Kerl drückt seine Beule an den Waschtisch, immer noch am Zähneputzen, wippt dabei leicht vor und zurück. Scheiße, ich kann sehen, dass er hinter dem dünnen Stoff einen Ständer kriegt! Sein Blick im Spiegel verrät mir, dass er mich ertappt hat, wie ich auf seine Beule gestarrt hab, mein Herz bleibt stehen …

Eine Sekunde zu lange passiert nichts, dann greift er plötzlich mit einer Hand nach unten, drückt kurz sein dickes Paket, und schon ist die Hand wieder weg. Ich schrubbe meine Jeansbeule jetzt meinerseits am Waschtisch, die Latte darin ist leicht zu erkennen. Unverhohlen fixiert der Kerl meine Beule, hört auf mit Zähneputzen, hebt kurz den Blick und leckt sich mit breiter Zunge über die Lippen, starrt wieder auf meinen Schwanz in der Hose.

Jetzt ist alles klar. Ich drehe mich zu ihm, fasse an meine Beule und knete meinen steifen Schwanz, setze ein breites, einladendes Grinsen auf.

*»Nu aici!«*, meint er bedeutungsvoll, dann: »Nicht hier!«, weil er merkt, dass ich ihn nicht verstehe.

Ich unterbreche meine Schwanzmassage und nicke zustimmend. Wir beenden die Zahnpflege, räumen unsere Sachen zusammen und gehen raus. Ich lasse ihm den Vortritt, mal sehen, was er vorhat. Er scheint unsicher, nervös, wirft mir scheue Blicke zu, ein kleines Lächeln, mehr kommt nicht.

»Ich heiße Christoph«, breche ich das Schweigen. »Chris.«

Er bleibt ruckartig stehen, streckt mir seine Hand hin, förmlich irgendwie.

»Dinu.« Wir schütteln uns kurz die Hände und sehen uns dabei in die Augen, als ob unsere Namen eine Rolle spielen würden für das, was wir vorhaben. Aber es ist schön, seine Hand zu halten, ich lasse nur ungern los, hätte ihn am liebsten an mich gezogen, diesen sexy Teufel, den mir der Himmel geschickt hat. Doch er löst sich, geht voran zu den Fahrzeugen. Ich folge ihm zu seinem Truck, schon in der Erwartung, mit ihm einzusteigen, aber er hüpft nur kurz rein und kommt mit einer Decke unterm Arm wieder runter.

Er deutet mit dem Kopf in Richtung eines Wäldchens am Rand des Parkplatzes, und ich ahne schon, dass er sich hier gut auskennt. Schweigend marschieren wir nebeneinander an den Truckreihen vorbei, kein Mensch zu sehen, auf dem ganzen Parkplatz nichts als erhitztes Blech und der Geruch von Diesel. Der Zauber zwischen zwei wildfremden Männern, die sich zufällig irgendwo begegnen und wissen, was jetzt gleich passieren wird – zumindest ungefähr –, hält uns beide gebannt. Es sind keine Worte nötig.

Wir haben das Wäldchen erreicht, dürre Zweige knacken unter unseren Füßen, während mein Lotse zielstrebig durch die Dunkelheit auf eine bestimmte Stelle zusteuert, ein sandiges Stück Boden zwischen drei alten Buchen. Sofort breitet er die Decke aus, stellt sich darauf und zieht seine Shorts vorne runter. Der halbsteife Schwanz baumelt ins Freie, und der Kerl bedeutet mir ungeduldig, heranzukommen. Kaum bei ihm, zieht er meinen Kopf zu sich und küsst mich leidenschaftlich. Sein Atem geht schnell, erregt, seine Hände wandern an meinen Hosenstall, grabbeln daran herum, wollen ihn öffnen, schon will der Kerl an mir runter. Seine Gier gefällt mir, aber er könnte auch auf eine allzu schnelle Nummer aus sein, das fände ich schade, ich will mir Zeit lassen. Also nehme ich sein Gesicht zwischen meine Hände, halte ihn oben, auf Abstand, fixiere ihn, bis er mir nicht mehr ausweicht, bis seine Augen mich ansehen. Wir tauchen kurz ineinander. Jetzt haben wir eine Verbindung. Erst dann küsse ich ihn wieder. Geil, wie er augenblicklich hingebungsvoll wird, in meinen Armen schwach wird, das spüre ich sofort. Und mein Schwanz spürt das auch, drückt schmerzhaft gegen den Jeansstoff, so hart ist er. Zwischen unseren Küssen murmelt der Kerl geiles Zeug, Rumänisch wahrscheinlich, klingt auf jeden Fall, als ob er so richtig scharf ist, jetzt hab ich ihn!

Ich packe ihn ein bisschen gröber an, schlage ihm mit der flachen Hand leicht auf eine Backe, er lacht frech auf, kriegt gleich noch einen Klaps. Er knurrt jetzt, windet lustvoll mit geschlossenen Augen sein Gesicht zwischen meinen Händen. Geil!

»Ja, das gefällt dir, du geile Drecksau!«, raune ich, die Stimme ungeübt und vor Geilheit belegt.

»Ja, ja!«, kommt es freudig zurück. Er scheint mich ganz gut zu verstehen.

Ich muss lachen. So ein geiler, devoter Prachtkerl!

Ich drücke ihn runter, auf die Knie, und sofort geht er an

meine Beule, leckt und saugt daran, fährt aufgeregt an der Latte entlang, die sich deutlich abzeichnet. Wieder bremse ich ihn, greife mir seinen Kopf mit den vollen schwarzen Haaren und führe ihn langsam, ganz langsam rauf und runter, immer am Schaft lang, presse ihn zwischen meine Beine, unter meine Eier.

Genug, jetzt will ich mal seine Blaskünste testen!

Ich stoße den Kerl zurück und mache den Stall auf, hole den XL-Klöppel samt Glocken raus. Wichse ein paar Striche vor seinem hungrig aufgesperrten Maul, ziehe die Latte hoch, außer Reichweite, und präsentiere ihm meine dicken Eier. Sofort geht er ran, die schwanzgeile Drecksau, schleckt und saugt an den empfindlichen Klöten, die Sackhaare stören ihn nicht, mit breiter Zunge schlabbert er über beide Eier, dann den Schaft hoch. Ich lasse meinen Schwanz los, und sofort sind seine Lippen dran. Geil, wie er sich die Vorhaut schnappt und daran nuckelt, um gleich darauf die Eichel samt Vorhaut in den Mund zu nehmen. Ich spüre seine Zunge in den Hautmantel schlüpfen und die Eichel kreisend umspielen. Dann holt er Luft und schiebt sich mehr vom Schwanzkolben zwischen die Kiemen, ein gutes Stück, wieder raus, noch mal Anlauf, wieder rein – nicht schlecht! Mein Knüppel steckt zu zwei Dritteln in dem Fickmaul drin, das ist vielversprechend.

Vor und zurück wippt der Kopf des geilen Schwanzlutschers, er presst sich den dicken Kolben immer tiefer in die Kehle. Meinem Schwanz gefällt die Behandlung der speichelnassen, heißen Maulfotze, er spendet unablässig Vorsaft und schmiert die Sauerei noch zusätzlich. Die kleine Drecksau stöhnt und grunzt lustvoll, schluckt die

Säfte und wichst dabei den eigenen Schwanz wie ein Verrückter, kann gar nicht genug kriegen von meinem dicken Prügel.

Ahhhh, wie geil! Die Geilheit peitscht mich in den Fickmodus, ich packe die Maulfotze und presse meinen Bolzen tiefer, gegen den Widerstand rein in die Kehle, ignoriere das Würgen, halte den Kopf fest wie im Schraubstock, registriere die Schluckbewegungen an meinem Schwanz, ficke rein in die enge Röhre, reinreinrein!

Mit einem Ruck lasse ich los, der Kerl ringt nach Atem, beugt sich zur Seite und spuckt unter Röcheln jede Menge Speichel und Rotze aus, kommt jedoch gleich danach hoch, das Gesicht total verschmiert, aber mit glücklichem Grinsen, und die hellen Augen funkeln mich dankbar und freudig an.

»Ja, ja«, keucht er, den Blick schon wieder auf meine triefende Latte gerichtet.

Geil! Ich halte seinen Kopf fest und schiebe meinen Schwanz tief ins geöffnete Maul, bis in die Kehle – und dann wieder raus. Der Kerl schnappt hungrig nach dem Fickprügel, und schon füttere ich ihn wieder, ein paar kurze Stöße tief in die Kehle, dann wieder raus. Das geile Spiel wiederhole ich ein paarmal, und der Schwanzlutscher wird richtig verrückt vor Lust auf den dicken Lolli, lacht und streckt die Zunge weit raus, den Mund weit aufgesperrt, bis ich ihm einen richtigen *Throatfuck* verpasse.

Gurgelnd lässt sich die schwanzgeile Drecksau tief und fest in die Kehle ficken, rein, rein, rein, jaaa!, drin bleiben, tief drin, bis der Kerl sich röchelnd freikämpft und den Pflock ausspuckt. Er stützt sich auf dem Boden ab, lacht dabei heiser und glücklich. Die harte Nummer scheint ihm zu gefallen.

Schon richtet er sich in der Hocke wieder auf, und sein geöffnetes Maul lädt zum Weiterficken ein. Ich grinse, froh, so ein unerwartet geiles und ausdauerndes Luder erwischt zu haben. So was ist selten genug! Ich lobe den wildfremden Typ, garniert mit versauten Sprüchen, mir ist egal, ob er mich versteht oder nicht. Wie der jetzt meinen Schwanz bläst, echt genial! Ohne jeden Widerstand fickt er sich meine XL-Latte in die Kehle. Mit einer Hand fahre ich hinten am nackten Rücken entlang in Richtung Arsch. Sofort geht die Kiste hoch, sehr schön. Mein Mittelfinger findet ein weiches, eingeschmiertes Loch, bohrt sich mühelos hinein, und ich frage mich, ob da nicht schon eine Ladung Sperma drin ist, so nass ist es da drin.

Bevor das zu viel des Guten wird, entziehe ich meinen Schwanz der geilen Behandlung und gehe um den Kerl rum, ich will ihn in der Hocke von hinten ficken. Aber er steht eilig auf, geht die paar Schritte zu einem Baum, beugt sich vor und stützt sich am Stamm ab.

Junge, Junge, ist der Typ heiß, wie er über die Schulter nach hinten zu mir blickt, wild und erwartungsvoll, willig, geil darauf, gefickt zu werden! Ich grinse ihn an, schmiere mir beim Näherkommen Spucke auf die Latte, stelle mich zwischen die leicht gespreizten Beine und setze an. Der Kontakt mit dem heißen Fickloch ist echt genial! Ich genieße es, mit der sensiblen Eichel den Einstieg rauszuzögern, wieder und wieder den Ringmuskel aufzudrücken, bevor ich den harten Kolben tiefer schiebe, tiefer, rein in den strammen Arsch. Aah!

Ich warte einen Moment, bis alles in dem Kerl weich und entspannt ist. Ein leises, kehliges Stöhnen kommt von ihm, er ist so weit.

Mit langsamen Stößen fange ich an, ihn zu ficken, packe seine Hüften und ficke schneller jetzt, ziehe den Burschen richtig durch. Rein und raus, in wechselndem Rhythmus, mal schneller, dann wieder langsam, verdammt langsam, weil ich kurz vorm Kommen bin. Ich merke, wie der Druck übergroß wird – Scheiße!

Obwohl ich alle Muskeln anspanne, so gut es geht, spritze ich ab. Ich halte still und schaffe es gerade noch, den größten Teil zurückzuhalten. Keine falsche Bewegung jetzt! Nach ein paar Sekunden, in denen der Kerl – danke! – mucksmäuschenstill hält, habe ich mich im Griff. Die Lustkurve ist runter, aber der Schwanz ist noch beinhart, noch ausreichend Sperma im Bunker. Es kann weitergehen!

Mein Fickstück hat bemerkt, was da grad los war, vielleicht an meinem Stöhnen, vielleicht am Schwanzzucken in ihm drin. Auf alle Fälle legt er jetzt richtig los, schwingt seinen Arsch gegen meine Fickstöße, dass es nur so klatscht. Er lässt alle Hemmungen fallen, jetzt wo klar ist, dass ich so schnell nicht wieder abspritze.

Ich pflüge die heiße Saftfotze mit Schmackes durch, stoße von schräg unten rein ins Fickfleisch, richte mich dann etwas mehr auf und nagle den Kerl von oben, stütze mich auf ihm ab, geilgeilgeil, die Schlampe geht mit wie ein Profi! Stöhnt im Rhythmus der Stöße, bückt sich tiefer, breiter die Beine, geht ins Hohlkreuz, streckt den Arsch dem Dampfhammer entgegen und lässt sich durchbocken, dass es eine Freude ist. Dreht dabei den Kopf zu mir und zeigt mir seine geile Fresse, nassgeschwitzte schwarze Haarsträhnen auf Stirn und Wange, die Augen vor Lust weit aufgerissen, diese hellen Augen im dunklen Gesicht. Glücksgefühle pur, geht mir genauso! Was für ein Geschenk ist dieser Mann!

Unser geiler Zweikampf ist nicht unbemerkt geblieben, aus dem Schatten der Sträucher kommt ein Mann dazu, ein klobiger, derber Typ mit dunklem Schnauzer und Koteletten und Glatze. Er wichst seinen Schwanz beim Nähertreten, dick und hart ist das Teil. Muskelbepackte, tätowierte Arme, Unterhemd und verdreckte Arbeitshosen, Stiefel.

Mir gefällt die Wendung, ich bin für Dreier immer zu haben, und mein Fickstück sieht das genauso. Er lässt den Baumstamm los und hält sich stattdessen am Gürtel des Neuankömmlings fest, nimmt sofort dessen Schwanz ins Maul. Der grunzt erfreut und lässt sich nur zu gerne von dem geübten Schwanzlutscher verwöhnen, fickt ihn tief in die Kehle, während ich noch immer in dem Kerl stecke.

Der Balkanbursche macht wunderbar mit, massiert mit seiner Muskelfotze mein pralles Teil, es fühlt sich an, als ob es vibriert da drin in dem Kerl, das heiße Fickfleisch, ah! … Ich schließe die Augen, ficke langsamer, Mann, ist das ein geiles Gefühl! Mein Schwanz wird noch härter, noch dicker, pumpt sich auf, um die glühende Fotze völlig auszufüllen, rein – rein – rein!

Ich spüre den Orgasmus im Rückenmark kribbeln – geil! – ficke einfach weiter, langsam, den Reiz voll auskostend – immer rein – rein – rein! Der Saft steigt, der

Druck wird größer, zwingt mich, schneller zu stoßen, noch schneller, reinreinreinJAAA!

Ich packe den Kerl fest an den Hüften und spritze in ihm ab, die ganze aufgestaute Ladung, fünf, sechs heftige Schüsse, gefolgt von schier endlosem Nachsaften, Mann, ist das gut!

Benommen schüttle ich den Kopf, öffne die Augen und komme nur langsam wieder klar. Sehe, dass der Typ da vorne sich immer noch einen blasen lässt, aber interessiert beobachtet, wie ich mich von dem aufgefickten Arsch löse. Kaum bin ich einen Schritt zurückgetreten, um meinen Schwanz in die Hose zu packen, geht er auch schon rum um den geilen Fickburschen. Sein Prügel kann es gut mit meinem aufnehmen, ist vielleicht sogar noch ein bisschen dicker als meiner. Er glänzt nass vom Speichel der Maulfotze unter den Wichsstrichen der Truckerhand. Der Fremde nickt mir kurz zu und schiebt ohne weitere Umstände seinen Hengstschwanz in die vollgespritzte Arschfotze.

Genüsslich stöhnt die Fickstute auf, dreht sich zu mir hin und geht mir an die Hose, will meinen Schwanz. Aber ich hab genug. Ich tätschle dem Kerl die Wange, bin echt dankbar für die geile Nummer, doch als er meinen Daumen packt und dran lutscht, entziehe ich mich und stapfe davon.

Ich muss grinsen bei den eindeutigen Lauten, die ich langsam hinter mir lasse.

Noch mal duschen und dann ab in die Koje!

## SCHWECHAT, KURZ VOR WIEN:

# Anmache beim Zwischenstopp

Es war natürlich nicht optimal, dass ich die Strecke von Budapest nach Wien ohne Ladung unterwegs war, aber es gelang meinem Onkel selten, die gesamte Strecke vollzubuchen. Und mir war es recht, den unbeladenen Truck durch die Landschaft zu kutschieren, es machte viel mehr Spaß als mit zwanzig Tonnen Fracht an Bord. Die Erinnerung an Dinu machte mich echt geil. Ich war froh, dass ich noch mal geduscht hatte, denn wenn ich den sexy Kerl auch noch an mir hätte riechen können, hätte ich rechts ranfahren müssen, um mir einen runterzuholen und wieder einen klaren Kopf zu kriegen.

So aber war das nicht zwingend nötig. Das bedeutete, keine Zeit zu verlieren, einfach weiterzufahren, das unterschwellige Gefühl zu genießen, das mir der halbsteife Schwanz in der Hose verschaffte. Aber ich musste sowieso mal langsam auf den Verkehr achten, denn als es heller wurde, nahmen auch die anderen Fahrer ihren Dienst auf.

Die Straße war sicher, aber nicht ungefährlich. Wir alle waren aufeinander angewiesen, wenn wir zentimetergenau aneinander vorbei- oder hintereinander eine Steigung hinauffuhren. Doch es gab leider immer mal wieder einen Verrückten in der Kolonne, oder einen Alkoholisierten, der allzu risikobereit war.

Glücklicherweise floss alles im Moment prima dahin. Noch zweihundert Kilometer bis Wien. Zuvor musste ich bei Schwechat abfahren und eine neue Ladung aufnehmen, Palettenware, irgendwelche Lackeimer aus einer Fabrik. Mein Handy klingelte, auf dem Display zeigte sich das grinsende Profilbild von Harry, einem alten Kumpel von mir. Ich ging über die Freisprechanlage ran.

»Hi, Harry!«

»Na, alles klar? Läuft alles?« Es war schön, seine Stimme zu hören.

»Wie geschmiert. Bei dir auch?«

»Nö, steh schon im Stau, gleich hinter Kufstein ging's los. Wie hat dir der Parkplatz gefallen?«

»Gestern Nacht?« Ich musste schmunzeln beim Gedanken daran. »Ja, war echt ein guter Tipp, danke!« Ich legte eine Kunstpause ein, bevor ich ihm den Bonus präsentierte. »Hab sogar ein Rohr verlegt.«

Harry lachte schallend. »Du geile Drecksau! Du findest sogar im hinterletzten Winkel noch was zum Ficken!«

Ich musste mitlachen. »Nur kein Neid!«

Harry gab zu, tatsächlich neidisch zu sein, er selbst hatte seit zwei Tagen keine Zeit für Sex gehabt.

»Komm, erzähl wenigstens ein paar Details«, bat er mich.

Ich tat ihm den Gefallen und beschrieb ihm, wie der sexy Kerl ausgesehen hatte, von oben bis unten. Und die Stelle im Wald, wo wir es getrieben hatten.

»So ein geiles Stück, Wahnsinn!«, war alles, was ich noch dazu sagte. Alles andere überließ ich Harrys Fantasie. Die war erwartungsgemäß wild, und Harry machte knurrende Geräusche, als ob er ins Steuerrad beißen würde. Das brachte mich wieder zum Lachen. Ich lenkte das Thema wieder auf den Parkplatz, und wir sprachen über Preise und die Auftragslage, waren uns einig, dass alles bestens war. Harry erzählte mir, dass er einen echt großen Fisch an Land gezogen hatte, eine Ladung mit Teilen für Schienenfahrzeuge. Wegen des enormen Volumens wollte sein Chef den Auftrag ablehnen, aber Harry hatte ihm eine Beteiligung angeboten, und damit waren sie ins Geschäft gekommen. Er war wahnsinnig stolz darauf, endlich den Sprung vom einfachen Fahrer zum Partner gemacht zu haben.

»Wenn das klappt, kann ich in Zukunft auch bei anderen Touren eine Beteiligung kriegen«, meinte er.

Ich gönnte ihm den Erfolg, aber da meldete sich meine nächste Anlaufstelle und ich musste den Kumpel verabschieden.

Ich informierte den Typ am Handy über meine Position und meinte, dass ich in etwa vier Stunden da sein müsste.

»Ich hoffe, ihr stellt mir ein fettes Schnitzel hin. Wenn alles gut geht, bin ich genau zum Mittagessen bei euch.«

Der Mann – es war wohl der Lademeister – lachte heiser. »Schnitzel geht klar. Gute Fahrt.« Damit war er weg.

Tatsächlich verlief die Fahrt reibungslos. Ich tankte noch mal kurz nach der Abfahrt von der Autobahn und gönnte mir einen Cappuccino mit einem Muffin dazu, während die achthundert Liter Diesel in meine Mühle rauschten.

Viel los an der Tankstelle, jede Menge Touristen, ganze Gruppen von jungen Männern auf der Fahrt zur nächsten Party oder in den Urlaub, jedenfalls waren sie alle gut gelaunt. Ich trank meinen Cappuccino und musterte die Leckerbissen, einen nach dem anderen, und vergab Punkte zwischen null und zehn. Ein Spiel, dass ich am liebsten mit Harry spielte, aber auch allein machte es Spaß. Einige Kerle waren eindeutig zu jung für mich, alle unter fünfundzwanzig ließ ich unbeachtet. Es gab genügend Typen um die dreißig, vierzig, die wesentlich interessanter waren, es hagelte einen wahren Punkteregen!

Bevor ich mich zu sehr in das Spiel vertiefen konnte, war der Kaffee alle und der Tank voll. Ich zahlte und stieg wieder auf den Bock.

Ein paar Minuten nach zwölf rollte mein Truck in den Hof der Farbenfabrik in einem Außenbezirk von Schwechat. Halle 4, das musste doch leicht zu finden sein. Da war sie auch schon. Ein Typ kam angerannt, als ich langsam ans Hallentor fuhr, und fuchtelte mit den Armen. Ich ließ das Fenster runter.

»Erst auf die Waage!«, schrie er mir zu und deutete nach rechts.

Ich verstand und manövrierte den Truck auf die Brückenwaage, stellte den Motor ab und sprang runter.

Der Arbeiter lief zu mir rüber, ein Tablet in der Hand, den blauen Overall geöffnet und das Oberteil runtergezogen, sodass es ihm um die Hüften hing. Kein Wunder, es war ganz schön heiß. Unter dem weißen T-Shirt, das er darunter trug, zeichnete sich eine durchtrainierte Brust ab, und auch die Arme waren beeindruckend muskulös. Ich registrierte den Nippelring, der sich unterm dünnen Stoff zeigte, ein Detail, das den Mann deutlich näher an die Kategorie »geile Drecksau« brachte als der eher brave Kurzhaarschnitt oder das glatt rasierte Gesicht. Er war Anfang dreißig, schätzte ich, und lachte mich freundlich an. Nettes Lachen, echt nett.

Grundsätzlich war es natürlich egal, wie meine Kunden oder die Arbeiter vor Ort aussahen, aber es machte hundertpro mehr Spaß, wenn ich es auch noch mit sexy Kerlen wie dem hier zu tun hatte. Der Ehering an seinem Finger deutete auf einen Hetero hin, aber das musste ja kein Hinderungsgrund sein …

Wir besprachen kurz, wie es mit dem Auftrag weitergehen sollte, während der Typ das Gewicht meines Trucks erfasste. Beim Beladen müsste ich nicht helfen, meinte er. »Das machen unsere Jungs.«

Einer der ›Jungs‹ kam jetzt heran, ein Mann um die vierzig, mit Bierbauch und Bärtchen. Er nahm die kurzen Instruktionen des Meisters entgegen und pfiff dann zwischen seinen Fingern nach einem Helfer, der gerade über den Hof sprintete. Auf den passte die Bezeichnung schon besser, ein Bürschlein Ende zwanzig, sportlich-schlank, das auf den Pfiff hin prompt angelaufen kam. Gut in Form, aber schweißnass von der Sommerhitze, Tropfen rannen aus den dunkelbraunen Haaren über die Stirn, auf der ein paar feuchte Strähnen hingen. Die markanten Augenbrauen über den schwarzen Augen bremsten den Schweiß aus, und mit dem Rücken einer dreckigen Hand wischte der Kerl den angestauten Schweiß ab. Er lachte mir kurz zu, zeigte glänzend weiße Zähne dabei, verdammt, der Lümmel schickte sofort einen Ruck durch mein Getriebe, so sexy war der!

Der Lademeister und der andere Kerl sprachen mit dem Jungen, ich hörte kaum, was sie sagten, auch weil der Lärm auf dem Hof ziemlich laut war, aber vor allem, weil ich mich darauf konzentrierte, so unauffällig wie möglich das Kerlchen abzuchecken. Er trug ein Trägerhemd, war sonnengebräunt, und der Anblick der dicht behaarten Achselhöhlen – wie geil mochte es da wohl riechen! – ließ mir das Wasser im Mund zusammenlaufen.

»Ach ja«, holte mich der Lademeister aus meinem Tagtraum, »dein Schnitzel kannst du da drin essen.« Er deutete auf ein längliches Gebäude.

Was? Ach so, ja! Ich wollte zumindest einen Versuch wagen. »Habt ihr schon gegessen?«, fragte ich. Verdutzt sahen sich die Männer an. Der indirekte Vorstoß in Richtung Geselligkeit war ungewöhnlich, das merkte ich sofort. Sie bejahten nur und kümmerten sich dann wieder um ihre Arbeit.

Na dann.

Ich trabte zur Kantine rüber und befriedigte erst mal meinen Hungertrieb. Und das Schnitzel, das mir aufgetischt wurde, war echt sensationell, genau wie der Kartoffelsalat, was dann auch schnell die Gedanken an alles andere verdrängte. Aber als der letzte Bissen verdrückt war, hatte ich es doch eilig. Redete mir ein, dass ich nachsehen wollte, ob alles ordentlich verladen wurde. Ich musste grinsen bei dem Versuch, mich selbst zu verarschen.

Ich erinnere mich sehr genau daran, wie dieser kleine

Dreckskerl meine Mittagspause für sich in Beschlag nahm …

Ich finde ihn im Inneren meines Trucks, im Laderaum. Er gurtet die übermannshohen Paletten mit den Lackeimern fest, die sein Kumpel mit dem Stapler reinfährt und platziert. Nickt mir nur kurz zu, wischt sich mit dem Unterarm übers Gesicht, beide Hände in den Arbeitshandschuhen an den Gurten. Bückt sich jetzt, um auch unten alles festzuzurren, der Hintern ist vom Feinsten, richtig rund und prall in der dünnen blauen Arbeitshose. Mhmm!

Als Alibi mache ich ein paar prüfende Handgriffe an den Gurten, nur um ihm näher zu sein.

»Bist du Student?«, frage ich ihn.

Er blickt kurz auf. »Naa«, verneint er auf Wienerisch und konzentriert sich auf seinen Job.

»Ich auch nicht«, ist alles, was mir einfällt.

Wieder ein Blick, amüsiert jetzt, der Typ schnaubt ein Lachen. Mustert mich eindeutig interessiert, ziemlich frech sogar. Hat sofort gemerkt, dass ich ihn anmachen will, auch wenn's noch so unbeholfen war, der Junge ist fix! Weil es so gut voranzugehen scheint, spare ich mir jede unnötige Verlegenheit und grinse ihn an.

»Gefällt dir, was du siehst?«

Er grinst zurück, so ein schräges Grinsen, bei dem die Zähne ein bisschen durchblitzen. Frech. Geil und frech. Er wirft einen Blick zur Rampe – kein Mensch zu sehen –, steht auf und drängt sich nach hinten zwischen die Paletten.

Keine Ahnung, was er vorhat, aber ich folge natürlich sofort. Er bleibt stehen und dreht sich um. Wir haben kaum Platz zwischen den Lackeimermauern in ihrem dicken Folienmantel. Aber es reicht, an den Kerl ranzugehen, sein Gesicht zu mir zu ziehen und ihm einen schnellen, prüfenden Kuss auf die Lippen zu drücken. Wieder dieses schräge Grinsen und geil glitzernde Augen. Ich knutsche ihn jetzt richtig, schiebe ihm die Zungenspitze in den Mund, schmecke ihn, will mehr, kriege mehr, bekomme mehr Raum, schlüpfe in ihn rein, würde ihn am liebsten auffressen!

Er geht mit einer Handschuhhand an meinen steifen Schwanz in der Hose, drückt das Ding gekonnt, kräftig, hoffentlich holt er ihn endlich raus und kniet sich hin und bläst mir einen, hier, hinter den Paletten, beim Beladen des Trucks.

Scheiße, stattdessen löst er plötzlich den Kuss, tritt einen Schritt zurück und wischt sich über die Lippen.

»I muss jetzd weida moachn«, sagt er schlicht und bedeutet mir mit einer Kopfbewegung, dass ich rausgehen soll aus dem Gang, damit er vorbeikommt. Äääh – was? Noch nicht mal ein Grinsen oder ein wissender Blick, einfach so ist es vorbei. Mist.

Ich bin so verwirrt, dass ich nur ein Stückchen zur Seite gehe, und er drängt sich an mir vorbei. Dann: »Dös war geil!«

Nur geraunt, aber jeder Ton fährt mir unter die Haut. Ich packe ihn an seinem geilen Knackarsch, bevor er außer Reichweite ist. Er geht weiter, ohne sich noch mal umzudrehen. Ich höre ihn gleich darauf irgendwas rufen, der Kumpel antwortet, karrt die nächste Palette ran, hat sich vielleicht schon gewundert, wo sein Kollege steckt.

Der Blick, den er mir vom Stapler runter zuwirft, als ich hinter den Paletten hervorkomme, verrät nichts.

Ich gab erst mal auf und half beim Verladen. Nach etwa zwei Stunden waren wir fertig. Obwohl ich mehrfach versuchte, noch mal bei dem geilen Kerl zu landen, merkte ich doch irgendwann, dass es nicht klappte. Wie auch, mein Zeitplan war genauso eng wie seiner, und wenn er Schluss machte, war ich schon längst wieder unterwegs. Außerdem ließ ihn der Kumpel nicht mehr aus den Augen, beobachtete auch mich andauernd. Ich ließ es gut sein.

Es war eine schöne Überraschung, dass das Kerlchen noch mal herkam, als ich schon im Führerhaus saß und alles zum Abfahren klarmachte. Die Tür war noch offen, und er lehnte sich auf die Einstiegsstufe.

»He«, rief er in den Wagen rein, denn der Motor lief schon, »buch doch beim nextn Mol a Nachtladung.« Damit schlug er zum Abschied mit der flachen Hand aufs Blech und war weg.

Eine Nachtladung? Ich musste grinsen. Die Einladung würde ich sicher im Hinterkopf behalten, die Idee war nicht schlecht. Eine Nacht mit dem geilen Frechdachs und am nächsten Morgen los – warum nicht?

Mit diesen angenehmen Gedanken segelte ich vom Werksgelände runter, grüßte den Pförtner so freundlich, dass der strahlend zurückgrüßte, um sich gleich darauf zu wundern, ob er mich kannte oder was das jetzt gewesen war, und rumpelte auf die Stadtstraße. Ich ließ die schrägen Eindrücke dieses Mittags hinter mir und fokussierte mich darauf, durch die Stadt wieder auf die Autobahn zu kommen.

## WIEN – MÜNCHEN:

# Hemmungsloser Zimmerservice, Nachbar inbegriffen

Kurz hinter München musste ich weitere Fracht aufnehmen, wieder Palettenware, aber diesmal Maschinenteile. Damit würde ich den Wagen vollkriegen, ab da sollte es durchgehen bis Rotterdam.

Ich kannte die Münchner Truppe schon, ziemlich langweilig alle, wortkarg und auch nicht gerade viele Punkte auf dem Geile-Drecksau-Konto, jedenfalls bisher nicht. Darum war ich nicht überrascht, als auch diesmal kein Kerl dabei war, der mich aus der Ruhe brachte. Alles durchschnittliche Heteros, Bayern und Türken, durchaus nett, aber eben nichts, was mich besonders anmachte.

Den beladenen Truck konnte ich über Nacht auf dem Werksgelände stehen lassen, darum schnappte ich meine Sachen, nahm mir ein Taxi und fuhr erst mal ins Hotel, wo ich mir ein Zimmer gebucht hatte. So ein anonymer Kasten mit Einchecken mit Karte und so, das mochte ich ganz gern. Hatte meinen Laptop dabei und wollte mich online umgucken, mal schauen, ob was gehen würde.

Es waren einige geile Kerle im Netz unterwegs. Drei wollten, dass ich zu ihnen ins Stadtzentrum komme, und zwei wollten sich in einer Sauna mit mir treffen, aber das war mir zu kompliziert und zu unsicher. Ich wollte die Sache selbst in der Hand haben, am liebsten sollte einer zu mir ins Hotel kommen, dann würde man weitersehen. So eine Art Strichernummer, aber ohne Bezahlung. Die vier, fünf echten Stricher, die mich antickerten, wimmelte ich schnell ab. Auf bezahlten Sex hatte ich echt keinen Bock. Genauso wenig auf die Drogenelsen, die mich zu irgendwelchen Sexorgien einladen wollten.

Schließlich konzentrierte ich mich auf einen Typ, der sich Bottombitch407 nannte. Er war laut Profil zweiunddreißig und hatte eine ziemliche Bandbreite, was seine sexuellen Vorlieben anging. Alles mehr auf der passiven Seite, das war mir sehr recht. Ich schickte ihm meine Handynummer, und gleich darauf rief er auch schon an. Nette Stimme.

Nach ein paar kurzen, unverfänglichen Sätzen kam ich gleich zur Sache. Sagte ihm, was ich mir so vorstellte, merkte, dass er geil wurde. Es passte wirklich perfekt, der Kerl war scheinbar total auf meiner Wellenlänge. Ich durfte die Telefonsexnummer nicht zu lange ausdehnen, wurde selbst viel zu geil und wollte lieber wieder runterkommen und dann realen Sex haben.

Also nannte ich ihm meine Adresse und legte auf.

Die Stunde, um die er gebeten hat, geht nur langsam um. Ich zwinge mich, nicht mehr weiter im Netz nach anderen Anregungen zu suchen, nach noch geileren Typen, freue mich auf den, der demnächst kommt.

Scheiße, erst zehn Minuten um! Na gut, ich will ja auch was vorbereiten. Also packe ich ein paar Toys aus der

Tasche, zwei Dildos, Gleitcreme, Poppers. Hole Handtücher aus dem Bad. Ich bin froh, dass ich ein Zimmer mit Balkon genommen habe, rauche eine Zigarette draußen, versuche zu erspähen, wer meine Nachbarn sind.

Nichts zu sehen, rechts ist alles dunkel, und links sind die Vorhänge zugezogen. Auch sonst alles still. Es ist eine schöne Sommernacht, ich lasse die Balkontür auf und gehe wieder rein.

Wieder ein Blick auf die Uhr. Noch jede Menge Zeit. Ich stöpsle meinen Laptop an den Fernseher und lasse einen Porno laufen, ohne Ton, höre lieber Musik aus einer Playlist dazu. Mache das Deckenlicht aus. Das am Bett auch, das Licht vom Bildschirm reicht völlig aus. Ich setze mich auf einen Stuhl und hole meinen Schwanz raus, wichse ihn zu dem Porno hoch. Eine Fickorgie mit geilen Kerlen, die einen Typen im Sling abwechselnd durchnehmen.

Ich wichse vorsichtig, voller Vorfreude darauf, jetzt gleich einen echten Mann hier zu haben, der sich von mir ficken lassen will …

Blick auf die Uhr: In acht Minuten soll er da sein. Ich entschließe mich, einfach weiterzuwichsen. Der Porno interessiert mich gar nicht richtig, ich stelle mir vor, was gleich passieren wird.

Zwei Minuten vor der verabredeten Zeit öffne ich die Zimmertür, lasse sie angelehnt. Gehe zurück zum Stuhl, wichse weiter. Kann's kaum erwarten.

Endlich höre ich, wie die Tür aufgeschoben wird, dann geschlossen. Ein Gürtel klappert, er zieht sich die Klamotten aus. Ich drehe mich nicht um, alles wie abgemacht, er kommt rein, rüber zu mir und kniet sich sofort hin, nimmt ohne Umstände meinen Schwanz ins Maul.

Mhmm, fühlt sich gut an. Ich sehe mir den Schwanzlutscher an, das, was vorerst zu sehen ist, den Bürstenkopf mit den schwarzen Haaren, der auf und ab wippt, die nackten Schultern, jetzt hebt er den Kopf, ja, echt geil, der Kerl! Ich nicke ihm aufmunternd zu.

»Gut machst du das.«

Er lächelt stolz.

»Geiler Schwanz.«

Dann macht er weiter, zieht sich den Kolben bis zum Anschlag rein, behält ihn drin, fickt sich das Ding in schnellem Rhythmus in die Kehle, bevor er es mit einem Aufatmen freigibt und mir an die Eier geht.

Ich will es ihm und mir leichter machen, stehe auf und ziehe mir Hosen und Unterhosen aus. Er bleibt in seiner Position, sieht mir beim Ausziehen zu und wichst seinen Schwanz. Echt leckerer Kerl, die Profilpics haben nicht gelogen. Schmales Gesicht mit Dreitagebart, an Kinn und Oberlippe etwas länger, sinnliche Lippen, breiter Mund und ein etwas unsicherer, aber hellwacher Blick. Die dunklen Augen lassen keine meiner Bewegungen unbeobachtet. Er rutscht aufgeregt herum, fixiert meinen Schwanz und dann, als ich meine Sneakers ausziehe, meine Füße.

Okay, warum nicht? Ich mache ihm die Freude, setze mich hin und hebe meinen linken Fuß hoch, drücke ihm meine besockte Mauke auf die Fresse. Der Kerl schnaubt erregt, umfasst den Fuß und saugt das Aroma ein, recht potentes Zeug, denn ich wechsle Socken und Unterhosen nicht unbedingt jeden Tag. Die hier trage ich seit vorgestern, und die eingetragenen Sneaks haben auch schon einiges mitgemacht, stinken nicht schlecht. Die kleine Bottombitch schnappt sich auch gleich einen davon und schnüffelt mit hörbarem Genuss darin rum.

»Geil«, keucht der Kerl, wichst wild dabei.

»Zieh mir die Socken aus.«

Er gehorcht sofort, führt den nackten rechten Fuß an Mund und Nase, leckt die Sohle mit breiter Zunge, dann die Zehen, lutscht an ihnen, züngelt dazwischen, holt sich den Männerdreck, wird noch geiler, fängt an zu stöhnen. Ich drücke ihm den anderen Fuß auch noch aufs Gesicht, reibe die Mauken über die niedliche Bottom-Fresse. Erregt beobachte ich, wie der Kerl sich an den Füßen aufgeilt, richtig abfährt auf das Aroma.

Ich setze die Füße auf den Boden, drücke seinen Kopf runter, sodass er meine Zehen lutschen kann, was er auch sofort macht. Geil, wie seine Zunge und die Lippen meine Treter verwöhnen!

»Leck hoch am Bein«, befehle ich ihm. Kann es kaum erwarten, dass er endlich wieder meinen Schwanz ins Maul nimmt, wichse vorsichtig das beinharte Teil, beobachte, wie er mit eifriger Zunge mein haariges Bein entlangfährt, langsam höher kommt. Die Innenseite der Schenkel ist besonders empfindlich, es macht mich scharf, wie die kleine Drecksau es genießt, mich zu verwöhnen, dem wildfremden Kerl Lust zu bereiten. Eine richtig devote Schlampe, genau auf so was stehe ich!

Er ist jetzt am Sack angelangt, schleckt ein paarmal über Schenkel und Schwanzansatz, bevor er erst eins, dann beide Eier in den Mund nimmt und daran saugt. Oh ja!

Ich lehne mich entspannt zurück, streichle meine Latte eher, als dass ich wirklich wichse, verteile den Vorsaft, der unablässig fließt, und lasse den Burschen eine ganze Weile mit meinen Eiern spielen. Bis er ablässt und unten am Schaft entlangleckt und endlich den fetten Prügel wieder in seinem weichen Blasmaul verschwinden lässt. Er saugt mit größter Lust, dreht seinen Kopf, beim Abziehen, wechselt das Tempo, saugt schneller jetzt, ja, ja, ja! Will die Hände dazunehmen, aber ich wehre mit einem leichten Schlag darauf ab, ich will nur seine Maulfotze spüren. Die heiße Maulfotze, speichelnass und hungrig, ja, genau so!

»Du lutschst gern Schwänze, was?«

»Mhm«, kommt es gurgelnd von dem Kerl, ohne dass er ablässt von dem Saftkolben.

Ich drücke seinen Kopf richtig drauf auf meinen Schwanz, ficke ihm das Teil tief rein in die Kehle, Staccato-Stöße, BÄNG!BÄNG!BÄNG!, bis mir der Stuhl unterm Arsch wegrutschen will. Der Kerl kriegt eine kurze Pause, als ich aufstehe und ihm den Schwanz entziehe, schmiert sich die Spucke, die ihm aus dem Fickmaul läuft, über die nackte Brust, stöhnt und keucht dabei.

Ich stehe jetzt vor ihm, rotze ihm ins Gesicht, er versucht, sich mit langer Zunge das Zeug einzuverleiben, sperrt hungrig sein Maul auf und kriegt eine fette Ladung direkt rein. Mein fetter Hengstprügel klatscht ihm in die Fresse, links, rechts, mitten rein, die geile Sau schnappt gierig danach.

»Hände auf den Rücken!«

Auch diesmal wird mein Befehl sofort befolgt. Geil! So ein williges Stück! Ich nehme seinen Kopf zwischen die Hände.

»Maul auf!«

Sofort schiebe ich die Eichel rein, reibe sie über seine Zunge, wieder raus, dann rein, tiefer, mit Druck, ich überwinde den Widerstand der Gurgel, fahre noch tiefer, wieder raus.

Der Schwanzlutscher spuckt und röchelt, sperrt aber brav sofort wieder sein Maul auf. Kriegt auch gleich wieder den Pflock rein, wird gestopft, gefüttert, in die Kehle gefickt.

»Ja, das macht dich geil, hä? Das willst du doch, du geile Drecksau, das hast du doch geschrieben in deinem Profil, jetzt wirst du schön *deepthroat* gefickt von dem Macker!«

Ich packe ihn fester, obwohl er schon würgt und mich rausschmeißen will, und bocke seine Kehle durch, wie es mir passt. Solange die Schlampen nicht die Zähne reinhauen, wollen sie das auch, so viel ist klar!

Ich quatsche weiter geiles Zeug. Dass er benutzt wird, die geile Bottombitch, dass ich ihm die Löcher stopfe, bis er um Gnade jammert und so weiter. Schwitze wie ein Schwein bei dem heftigen Kehlenfick, bin schon fast drüber, geiler als geil, kurz vorm Explodieren!

Die wilde Nummer lässt mein Herz rasen, peitscht mir das Blut durch den Leib. Der Kerl drückt mich jetzt weg, hat wohl erst mal genug, okay…

Er lacht glücklich, ist aber ziemlich benommen, schüttelt sich, um wieder klar zu werden.

»Wow!«, meint er zufrieden.

Ich streichle ihm die schweißnassen Wangen, tätschle ihn mit der flachen Hand – von seinem Profil weiß ich, dass er auch für *Slapping* zu haben ist, als teste ich mit einem leichten Schlag, ob er das ernst gemeint hat.

Er stöhnt auf.

Der nächste Schlag, die andere Seite. Wieder ein Stöhnen. Ein paar noch, gemäßigt, aber deutlich, dann schiebe ich ihm wieder den Prügel zwischen die Kiemen. Gut aufgefickt, die Maulfotze, es lässt sich mühelos tief und hart in die Kehle hämmern.

Er streckt augenblicklich den Hintern hoch, als ich mit einer Hand über den Rücken fahre. Ich fingere sein Loch auf, sehr gut, weich und willig, geht auf wie eine Blume. Über ihn gebeugt, ohne meinen Schwanzlutscher freizugeben, schiebe ich ihm zwei Finger tief rein, kreise im feuchtheißen Fickkanal, will ihn aufbohren!

Ich gebe ihm einen Klaps auf den Hintern.

»Knie dich aufs Bett.«

Er steht auf und macht hastige Bewegungen, bis er den richtigen Platz gefunden hat und mir schließlich auf allen vieren seinen Arsch hinhält. Den Oberkörper hat er auf der Matratze abgelegt, den Kopf zu mir gedreht, ein erwartungsvoller Blick, voll geiler Vorfreude und doch auch unsicher. Mein XL-Schwanz ist vielleicht doch eine Herausforderung …

Ich mache den Arsch mit ein paar Handschlägen warm, knete die Backen, schlecke durch die Ritze, schlüpfe mit der Zunge ins Loch und verpasse ihm einen Zungenfick. Ein butterweiches, rosiges Fickloch in einem Kranz schwarzer Schamhaare. Dann stelle ich mich in Position, packe ihn an den schlanken Hüften, ziehe ihn noch ein bisschen ran und spucke zielsicher auf die Rosette, bevor ich ansetze.

Geil, wie der Ringmuskel sich von der fetten blanken Eichel aufspreizen lässt, sich beim Rausziehen um sie schmiegt wie gierige Lippen. Es braucht mehr Spucke, das Luder stöhnt wohlig, als der dicke Pflock bei jedem Stoß ein paar Millimeter weiter eindringt. Quälend langsam mache ich ihn auf, den Arsch, pflüge mich immer tiefer – ganz langsam – in die heiße Muffe, spüre die Muskeln zucken und wie sie den Schwanz umschlingen, ihn drücken, wieder locker werden, um dann mehr vom Bolzen reinzulassen, immer noch ein paar Millimeter tiefer.

Ich bin voll angespannt, es kostet mich Kraft, nicht einfach loszuficken, der Schweiß läuft mir in Strömen am Körper runter. Schließlich halte ich es nicht mehr aus, schiebe ihn ganz rein und beschleunige in fünf Sekunden von null auf hundert. Ahh, das fühlt sich gut an, die Hitze im Arsch des Kerl schmeißt meinen Motor richtig an, ich knall die geile Saftfotze jetzt deftig durch.

Zack-zack-zack!

BÄNG!BÄNG!BÄNG! Meine Eier klatschen an die heiße Haut der Ficksau, ich ramme meinen dicken Prügel bis zum Anschlag rein, immer wieder, geilgeilgeil!

Irgendwann ziehen wir Poppers. Ich drehe ihn auf den Rücken, er spreizt die Beine und hebt sein Becken an. Auch er trieft vor Schweiß, das Gesicht völlig aufgelöst vor Wollust, das kleine Luder ist heiß wie die Hölle! Ich schiebe ihm erst ein Kissen unter den Arsch und dann meinen Hengstschwanz ins Loch. Verpasse ihm ein paar kleine Ohrfeigen, während ich ihn durchnagle, er stöhnt versaut unter den Schlägen, lässt sich willig durchziehen. Problemlos verschlingt seine aufgebohrte Fotze meinen Ständer, sie wird immer heißer, und ich ficke rein wie ein Wahnsinniger. Der Kerl geht wunderbar mit, die Augen weit und lustvoll aufgerissen, sein Schwanz nur halbsteif, aber jede Menge Vorsaft läuft raus, bei jedem Stoß, klitschnass ist der Bauch schon.

Ich schalte ein paar Gänge runter, bürste das Fickstück mit langen Strichen durch, ahh! Meine Eier fangen zu kochen an, der Druck steigt hoch. Rein – rein – rein. Scheiß drauf, es gibt keinen Grund, sich zurückzuhalten!

Wieder werde ich schneller, härter, der Druck wird unerträglich, wie ein Brennen, und schon schießt das aufgestaute Sperma mit Wucht in die Fotze. Die geile Drecksau melkt mich ab, bis auch der letzte Tropfen aus dem Schwengel gepumpt ist, lässt sich dabei geil weiterficken, immer wieder in das spermageflutete Loch. Aber nach einer Weile merke ich, dass ich ganz schön fertig bin. Ich steige ab und schmeiße mich rücklings aufs Bett.

»Ich brauch 'ne Pause.«

Das Ferkel bleibt mit gespreizten Beinen liegen, fingert an seiner triefenden Rosette rum, lacht versaut. »Schade.«

Natürlich hat der Bursche die Dildos gesehen, die deutlich zur Schau gestellt auf dem Nachttisch liegen.

»Schiebst du mir einen rein?«, fragt er mit Blick darauf und einem frechen Grinsen.

Ich habe nichts dagegen, schnappe mir den kleineren, so ungefähr meine Schwanzgröße, und mache mir nicht die Mühe, mit Gleitmittel rumzufummeln – die Arschfotze ist nass genug. Stattdessen rotze ich bloß drauf, dreh mich um, hebe den Arm und setze an.

»Aaahh!«, kommt ein erlöstes Aufstöhnen von der Schlampe. Schmatzend lässt sich das Spermaloch mit dem Dildo aufspießen, der Anblick ist zu geil, wie das fette Teil im Arsch versinkt und nass glänzend wieder auftaucht. Und gleich noch mal rein, echt scharf!

»He!« Ein Ruf von draußen schreckt uns auf. Eine Männerstimme. Wir halten still.

Dann: »Kann man mitmachen?«

Wir sehen uns an. Was jetzt? Ich springe auf, nackt, wie ich bin, und beuge mich aus der Balkontür. Der Typ auf dem anderen Balkon ist ganz nah, nur einen Meter weg von meinem steht er am Geländer. Er ist um die vierzig, in Hemd, Krawatte und dunkelblauer Anzughose, gut gebaut, geile Fresse. Er lacht mich an – sehr lecker! – und fasst sich ans Paket in der Hose.

»Hört sich echt gut an, was ihr da macht«, meint er und zwinkert mir frech zu.

Ich überlege nicht lange. »Willst du rüberkommen?«, frage ich und mache eine einladende Kopfbewegung.

Er schaut erst mich an, dann gespielt ängstlich den Grünstreifen unten im Hof, unter den Balkonen.

»Was dagegen, wenn ich die Tür nehme?« Er grinst.

Ich grinse zurück. »Ist bestimmt sicherer.«

Der Bottombitch gegenüber verliere ich kein Wort, als ich am Bett vorbei zur Tür gehe. Hat wahrscheinlich sowieso alles mitgekriegt, hat wohl nichts dagegen. Ich mache unserem Besuch die Tür auf. Er ist bisschen kleiner als ich, sieht aber echt geil aus mit seinem angegrauten, dichten Haar und dem grau melierten Bärtchen und den Stoppeln im Gesicht. Wir küssen uns kurz, dann geht er vor mir ins Zimmer.

»Na, ist das der geile Kerl, den du so zum Stöhnen gebracht hast?« Mit ein paar Schritten ist er dran an dem nackten Bottom, der immer noch mit gespreizten Beinen am Bettrand liegt. Der Fremde knetet seine Schwanzbeule in der Anzughose, schiebt zwei Finger ins heiße Fotzenloch.

»Wow, da ist ja schon 'ne ordentliche Ladung drin«, registriert er zufrieden. Die Spermafinger gibt er dem kleinen Ferkel zum Ablecken, geht ums Bett rum, dirigiert den anderen auf die Knie und drückt die Schlampenfresse gegen seine Beule. Das Luder reibt sich dran, nestelt mit einer Hand den Latz auf, holt den Schwanz raus, ein fleischiges, dickes Ding, halbsteif erst.

Der Typ sieht kurz zu mir rüber. »Ist das okay?«

Gefällt mir, dass er fragt. »Mir tut 'ne Pause ganz gut«, meine ich, »bedien dich!«

Er grinst mich an, beugt sich dann zu der kleinen Drecksau runter. »Dann mach's Maul auf«, knurrt er, und der Bursche gehorcht sofort, fängt an, den dicken Schwanz zu lutschen. Findet Gefallen an dem Kaliber, hart ist das Ding jetzt, dicker und länger noch als meins!

Es macht mich scharf zu beobachten, mit welcher Lust er sich an dem fetten Teil zu schaffen macht, wie er grunzt und stöhnt dabei, nicht genug bekommt, bis der Ficker seinen Kopf packt und ihm das Ding hart und tief in die Kehle hämmert. *Deepthroat* ist angesagt, der Typ fickt die gurgelnde Maulfotze gnadenlos durch, wechselt Blicke mit mir, rollt begeistert mit den Augen.

»Ist das eine geile Schwanznutte!«, meint er anerkennend.

Ich nicke zustimmend. Mein bestes Stück ist wieder voll in Betrieb, ich wichse und komme näher. Der Kerl gibt den Schwanzlutscher frei, unsere Wege kreuzen sich, als er die Seite wechselt, um an den Arsch der Bottombitch zu kommen. Die kleine Drecksau zieht Poppers, ist sowieso schon high von der geilen Action, schnappt sich sofort meinen Knüppel und schluckt ihn bis zur Wurzel. So aufgefickt, wie sie ist, lässt sich die Kehle mühelos durchorgeln, aber ich lasse mir diesmal Zeit, wechsle mehrmals den Rhythmus, benutze das Maul, wie es mir gefällt, und beobachte, wie der Anzugtyp sich Schuhe und Hose samt Unterhose auszieht. Hemd und Krawatte lässt er an, kniet sich hin und schlabbert hörbar durch die Ritze.

»Mmmhmm«, kommentiert er mit geilem Brummen den Geschmack meines Spermas, steht auf und nimmt die saftnasse Fotze vor die Flinte, packt sich den geilen Kerl und sticht ihn an.

Die Stute bockt, wirft meinen Schwanz aus dem Maul und macht einen Buckel, will ausweichen, doch der Ficker kennt kein Pardon, zieht sich den Arsch näher ran und jagt seinen dicken Knüppel voll rein.

Nur kurz windet sich die Bottombitch, hechelt und keucht, bemüht, den Riesenprügel in den Eingeweiden zu verstauen, dann ein erlöstes Aufstöhnen, der Hintern geht hoch, der Hengst drückt die Bitch ins Hohlkreuz. Kann jetzt richtig ficken, rein ins spermageflutete Fickloch. Er stöhnt laut dabei, hat keine Eile, fährt ganz raus und findet zielsicher wieder den Einstieg, tief rein, wieder raus, lässt den Bengel wimmern und zittern unter der genüsslichen Wiederholung.

Nach einer Weile packt der Anzugträger ihn, kniet sich aufs Bett, zwischen die Beine, knallt den Arsch jetzt richtig durch, rammt ihm den dicken, harten Schwanz mit aller Kraft rein. Der Bursche jodelt beinah unter dem Gehämmer, gibt völlig unkontrollierte Laute von sich, so high macht ihn der Ritt.

Der Ficker und ich, wir tauschen amüsierte Blicke.

»Geil, oder?«, frage ich nach, will von ihm hören, wie sehr es ihm gefällt.

»Sooo geil«, keucht er, »so eine heiße Hurenfotze! Hast du gut eingefickt!«

Auch das Maul kriegt der Kerl wieder gestopft, mein knallharter Kolben stößt ihm in die Kehle und genießt das geniale Gefühl, das ihm der talentierte Deepthroater verschafft. BÄNG!BÄNG!BÄNG!

Selten habe ich einen Dreier so genossen, das muss ich sagen. Wir fickten die willige Schlampe gut eine Stunde abwechselnd durch, probierten alle möglichen Stellungen und Ecken des Zimmers, rauchten zwischendurch eine Zigarette auf dem Balkon, ohne dass viel geredet wurde. Es war genial!

Als ich zum zweiten Mal im Arsch abgespritzt hatte –

der sexy Krawattenkerl hatte sich kurz vorher darin entladen –, war ich dann aber auch echt bedient.

Der Typ checkte sein Handy, meinte, er hätte einen Bekannten, der auch gerne mitmachen würde. Könnte in einer halben Stunde da sein. Doch ich hatte genug.

»Nicht bei mir, mir reicht's für heute«, winkte ich ab. »Aber ihr könnt gern bei dir drüben weitermachen.«

Ich merkte der kleinen Bottombitch an, dass sie noch nicht genug hatte, noch längst nicht. Es gab keinen Grund, den beiden den Spaß zu verderben, immerhin hatte das Date ja meine Erwartungen bei Weitem übertroffen, ich war komplett befriedigt und wollte jetzt pennen.

Der Nachbar warf dem Kerlchen einen fragenden Blick zu.

»Okay«, kam heiser die Zustimmung. Er schenkte mir ein dankbares Lächeln, bevor er sich zusammen mit dem anderen daranmachte, ihre Sachen zusammenzusuchen. Gleich darauf war ich allein.

Mannomann, wie das Leben so spielt! War das eine geile Nummer gewesen, von vorne bis hinten. Und wie sich herausstellte, gab es im Zimmer nebenan eine deftige Fortsetzung, denn es dauerte nicht lange, bis ich durch die offene Balkontür lautes Stöhnen und Grunzen hörte.

Grinsend schloss ich die Tür und ging erst mal unter die Dusche.

Die beiden pennten wohl noch, jedenfalls waren sie nicht im Frühstücksraum, als ich am nächsten Morgen gegen sieben dort einen Kaffee trank. Ich hatte super geschlafen und fühlte mich trotz der heftigen Nummer in der Nacht ausgeruht und fit. Mit ordentlich Appetit schaufelte ich mir Rührei auf den Teller und trank einen Liter O-Saft. Dann wurde es Zeit, zurück zum Track zu fahren.

## MÜNCHEN – FRANKFURT:

# Parkplatz für Rastlose

Auf der Autobahn Richtung Frankfurt funkte ich Harry an. Er war auch schon wieder unterwegs, wir würden uns bei Frankfurt treffen, wenn alles gut lief. Als er fragte, was ich gestern Abend gemacht hätte, schwindelte ich und erzählte nur, dass ich im Hotel übernachtet hatte. Sonst nichts. Ich wollte ihn nicht schon wieder neidisch machen. Der arme Kerl lieferte auch prompt seinen eigenen Bericht vom wahrscheinlich langweiligsten Abend der Welt. Sicher bin ich nicht mehr, worum es ging, Fernsehen und Currywurst oder umgekehrt.

Harry war ein Bombenkerl, ich kannte ihn schon über zehn Jahre, und wir hatten schon allerhand zusammen erlebt. Vor allem hatte er mir geholfen, mich mit meinem Onkel auf vernünftige Konditionen zu einigen. Ich war monatelang unzufrieden gewesen, nachdem ich – zunächst als Fahrer – in das Unternehmen eingestiegen war. Harry hatte mir konstruktive Tipps gegeben, welche Punkte ich in einen neuen Vertrag mit aufnehmen sollte, damit auch meine Bedingungen berücksichtigt wurden. Auch für die Zukunft, mit genauem Zeitplan der Aufstiegsmöglichkeiten. Uns verbanden auch etliche Sexabenteuer, die wir allerdings nicht miteinander erlebt hatten, oder jedenfalls nicht nur zu zweit. Aber wir hatten jede Menge Flittchen abwechselnd oder gleichzeitig gefickt. Das passierte in Abständen immer wieder mal, und das über die ganzen Jahre hinweg. Nach wie vor war das ein heißes Thema, obwohl wir inzwischen gute Freunde, fast wie Brüder geworden waren.

Der Parkplatz an der A6, auf dem wir uns verabredet hatten, war uns besten vertraut. Nach zahlreichen Sanierungsphasen war vom ursprünglichen Gelände nicht mehr viel übrig. Früher hatten das anliegende Wäldchen und das Klohäuschen regen Andrang von sexhungrigen Männern aus der Umgebung und auf der Durchfahrt verzeichnet. Aber wir hatten ja noch unsere Trucks. Und noch immer gab es Kerle, die auf der Suche nach einem Abenteuer ihr Auto parkten und umherstreunten oder einfach die Tür aufmachten und abwarteten.

Es war früher Abend, noch nicht ganz dunkel. Ich hatte mich schon auf gemütliches Cruisen eingestellt, den gelben Iveco S-Way von Harry bereits entdeckt und den freien Parkplatz direkt neben ihm angesteuert. Nicht viel los heute, nur wenige Fahrer nutzten dieses Gelände noch für längere Pausen, sie suchten sich lieber ein geschütztes, abgeschlossenes Areal gegen Bezahlung in der Umgebung.

Ich war überrascht, als ich zu Harry rüberspähte und erkannte, dass er jemand neben sich sitzen hatte. Einen Kumpel? Ich stellte den Motor ab, hüpfte raus und ging zur Beifahrertür. Auf mein Klopfen hin wurde sie geöffnet. Ein mir unbekannter Typ in Shorts und derben Halbstiefeln nickte mir als Gruß zu. Um die dreißig war er, braunes

Strubbelhaar, Vollbart und Augen, die mir ein flaues Gefühl im Magen verursachten. Mann, der Blick! Blau oder grau waren seine Augen und so tief wie eine Galaxis. An der linken Augenbraue blitzte ein kleiner Piercingring, und neben dem rechten Auge war eine deutliche Narbe zu erkennen. Die fleischige Nase und der Schneidezahn oben, an dem eine kleine Ecke fehlte, verstärkten noch den verwegenen Eindruck des Kerls, der jetzt mit einigermaßen nettem Lächeln ein Stück hoch auf die Zwischenbank rutschte und mich auf den Beifahrersitz ließ. Er beugte sich zu mir vor und streckte mir eine Hand entgegen.

»Sergiu«, stellte er sich vor.

Ich schüttelte kurz seine Hand.

»Christoph.«

Mir fiel auf, dass die Hand dreckig war, schwarz beinah, bis zu den Fingernägeln, als ob er am Motor rumgeschraubt hätte. Danach begrüßte ich Harry mit Handschlag, der auch sofort die Situation klarstellte.

»Sergiu hat nichts dagegen«, meinte er mit einem vielsagenden Grinsen. Und dann begann das nächste Abenteuer, das mir noch genau vor Augen steht.

Ich sehe Harry fragend an, dann diesen Sergiu. Der grinst ebenfalls, beugt sich weit runter, legt mir eine Pranke auf den Oberschenkel und greift zu. Das ist ja wohl eindeutig …

»Scheiße, Harry, du bist doch auch erst vor einer halben Stunde angekommen. Wie hast du denn das so schnell klargemacht?« Ich bin echt beeindruckt, beobachte, wie die schmutzige Männerhand an meinem Schenkel aufwärtswandert, merke, wie mein Schwanz prompt reagiert und in der Hose anschwillt.

Harry lacht stolz, erzählt, dass der Bursche ein paarmal an ihm vorbeigeschlendert sei, deutlich interessiert, worauf er ihn reingelassen habe und es dann ziemlich rasch zur Sache gegangen sei.

»Nur ein bisschen blasen bis jetzt, aber das macht er nicht schlecht, was, Sergiu?« Er strubbelt dem Kerl grob durchs Haar und zwinkert mir über ihn hinweg zu. »Er kann leider kein Deutsch«, sagt er leise in einem Tonfall, als ob das ein Plus ist. Dann schubst er den Kerl an mich ran. Ohne weitere Umstände schmeißt sich Sergiu auf mich und küsst mich. Warm und lecker, mit dem Mann lässt es sich genial knutschen, ich trinke seinen heißen Atem, der leicht nach Tabak und Alkohol schmeckt, schlucke seinen Speichel, fühle seine Hand auf meiner Schwanzbeule.

Harry zieht die Vorhänge zu, und ich helfe ihm dabei, unterbreche die Knutscherei. Während wir damit beschäftigt sind, die Kabine blickdicht zu kriegen, sehe ich aus dem Augenwinkel, wie unser Lustobjekt sich am Schlüsselbund an seinen Shorts zu schaffen macht. Da hängt ein glänzendes Ding dran, eine Scheibe, die er geschickt ausklinkt und auf das Armaturenbrett legt, bevor er aus einem kleinen Glasröhrchen eine Prise weißes Pulver daraufkippt. Der Kerl merkt, dass ich ihn beobachte, und sieht mich fragend an. Ich schüttle nur verneinend den Kopf. Ich halte nichts von so 'nem chemischen Zeug, egal was es ist, aber er kann von mir aus machen, was er will. Mit einem rasch zusammengedrehten Geldschein schnieft er das Pulver die Nase hoch.

Ich zerre wieder am Vorhang, und noch währenddessen kommt Sergiu ran, nestelt meinen Hosenlatz auf und nimmt meinen halbsteifen Schwanz zwischen die Lippen. Nuckelt gekonnt an der Vorhaut, saugt an der Eichel und bringt den Schwengel auf Zack.

Ich hab jetzt wieder die Hände frei und mache den Gürtel auf, ziehe mir die Hosen runter, damit der geile Kerl meinen Schwanz, der inzwischen dick und hart ist, besser blasen kann.

Harry macht sich einen Augenblick später daran, unserem Gast die Shorts auszuziehen, und Sergiu packt flott mit an, damit es noch schneller geht. Sie lassen sich über die Stiefel ziehen, und schon ist der geile Sergiu-Hintern blank gelegt. Ich greife sofort rüber und knete die leckeren Arschbacken.

Unser Handlungsspielraum ist natürlich sehr begrenzt, trotzdem klappt es irgendwie. Der Bursche bläst so genial, dass ich wohlig stöhnen muss dabei. Ohne Eile, tief und genießerisch setzt er Lippen, Mund, Zunge und sogar die Zähne ein – nur kurz mal, unten an der Wurzel, als er den Schwanz ganz tief drin hat. Er lutscht und saugt an der Saftlatte, als ob Nektar daraus vorquellen würde. Nach der heftigen Nacht gestern genau die richtige Behandlung, dieses gleichmäßige, langsame Auf und Ab, so weich, so warm, so … jaaaahhhh!

Harry macht sich am anderen Ende zu schaffen, hat sich die Hosen runtergezogen und sitzt wichsend mit blankem Arsch auf dem Fahrersitz, fingert das Loch des geilen Kerls auf, schmiert Gleitgel rein, dreht sich rum und rutscht vom Sitz, in den engen Gang hinter ihm. Mit wenigen Griffen hat er Sergius Kiste umpositioniert und ist bereit zum Anstich. Harrys Schwanz ist ein richtiger Knüppel, kürzer als meiner, aber megadick, fast sechs Zentimeter im Durchmesser. Darum überrascht es mich nicht, dass der geile Sergiu aufjault, als ihm das Ding hinten reinfährt. Sein Ächzen geht aber bald in Stöhnen über, und auch das verstummt, weil er sich wieder meinen steifen Schwanz reinpfeift. Ohne ihn zu unterbrechen, positioniere ich mich genau vor seiner Fresse, sodass die kleine Drecksau genau zwischen mir und Harry steckt, von beiden Seiten schön aufgespießt.

Und das gefällt ihm, dem schwanzgeilen Lümmel. Er grunzt zufrieden, als wir seine Löcher hart und fest ficken, er wird immer williger, kommt uns bei den Stößen entgegen, mit Maul und Arsch, federt vor und zurück, fühlt sich butterweich an. Harry und ich grinsen uns über seinen Rücken hinweg an.

Es passt gut, dass dieser geile Sergiu sich gerade jetzt umdreht, nicht ganz einfach, aber er ist sehr gelenkig und schafft es innerhalb kürzester Zeit. Die Löcher tauschen, das machen Harry und ich gern, und den Fickschlampen scheint es gut zu gefallen. Harrys kurzer, dicker Knüppel und mein XL-Prügel im Wechsel, das macht sie an. So jedenfalls unsere Theorie.

Und auch Sergiu stöhnt wollüstig auf, als er meinen harten Schwanz mit seinem Loch verschlingt, einfach seinen Arsch draufschiebt. Als er an mir andockt, der Bolzen ganz drin ist, spannt er die Rosette an, rotiert mit dem Hintern, um das dicke Ding auch gut tief drinnen zu spüren.

Ich beuge mich über seinen tätowierten Rücken und

gehe ihm mit den Fingern an die Brustwarzen. An beiden Nippeln Piercings. Haarige Brust, er riecht auch geil, der Kerl, ich ziehe mir eine Nase des Aromas rein, das er verströmt. Warmer, potenter Männerschweiß, mhhm. Beiläufig spiele ich mit seinen Nippeln, die sich prima packen lassen, während ich seine Arschfotze durchhoble. Lässt sich genial ficken, das geile Männerloch, ich richte mich auf und beobachte, wie mein dicker Prügel den Muskelring dehnt. Ich tobe mich aus mit geschmeidigen Stößen, genieße den Anblick, wie mein dicker Kolben eindringt und dann tiefer reinfährt, bis zum Anschlag, dann zurück und wieder von vorn …

Dank der gestrigen Entladungen kann ich ganz entspannt ficken, spüre den Kerl unter mir zittern vor Lust, sicher auch vor Anstrengung, aber er hält mir weiter brav die Kiste hin. Genießt meinen Schwanz, lässt das Becken kreisen wie eine Profinutte, bevor er wieder ganz still hält, einfach still hält und sich willig durchnehmen lässt.

Harry holt mich von der Wolke, auf der ich gerade schwebe: »Komm, lass mich auch mal wieder.« Damit schiebt er Sergius Kopf von seinem Schwanz und bedeutet ihm, seine Position erneut anzupassen.

Der arme Kerl hat einen hochroten Schädel und wirkt total fertig, aber er grinst mich trotzdem an, als er seinen Arsch abzieht und sich mühsam wieder umdreht. Er will weitermachen.

Sogleich versinkt mein Schwanz im weichen, aufgefickten Maul des geilen Kerls, wird gesaugt und gelutscht vom Feinsten, ohne dass ich einen Muskel bewegen müsste. Ein kurzes Aufstöhnen – erstickt durch den Prügel in der

Fresse – macht mir klar, dass Harry seinen dicken Kolben in die Kiste des Kerls schiebt.

Ich kann mich entspannt zurücklehnen und verwöhnen lassen, der Mann macht alles richtig, greift mir an die Eier, umspannt sie mit den Dreckshänden, aber er macht das gut, zieht mir nicht zu lasch und nicht zu fest am Sack, während sein Maul ununterbrochen meinen Kolben pumpt, ihn gleichmäßig absaugt, schneller jetzt, mein Saft steigt.

Abzug, der Profibläser spuckt meinen Schwanz aus, hebt sein Gesicht und schenkt mir ein strahlendes, stolzes Lachen. Die Augen funkeln in wollüstigem Glück, die vollen schwarzen Haare hängen nass und wild herunter, der Mund ist eine Einladung, der Kerl ist ein einziges, geiles Universum, in das ich hineintauchen will. Sergiu wichst meinen Kolben, leckt mit langer Zunge an der Unterseite, an der Eichel, er liebt diesen Schwanz, mehr Saft steigt hoch. Und steigt. Und steigt …

Harry entlädt sich unter lautem Knurren, spritzt im Arsch des Kerls ab, diesem geilen Kerl, den wir gar nicht kennen, der sich von uns ficken lässt – ahhh! Ich schieße ihm meine Ladung in die Kehle, er gurgelt und schluckt, lutscht weiter, holt mehr und mehr von dem geilen Zeug aus meinen Eiern, bekommt kaum alles runter, der heiße Samen läuft ihm aus dem Maul, über den Bart, über die Hand, die er zur Hilfe nimmt, um mich ganz leer zu melken.

Trotz der Behandlung wird mein Schwanz schlapp, ist erschöpft, ausgelaugt, überempfindlich. Ich zucke unter den Zungenschlägen an der Eichel zusammen, zu viel Reiz, ich lasse mein Ding rausschlüpfen aus dem warmen Maul, rutsche zurück und küsse den sexy Bastard. Genial, dieser Sergiu! Wir knutschen, sogar ein bisschen zärtlich jetzt, bis die Drecksau eine Hand mit ins Spiel bringt. Ich kann Sperma schmecken, er muss beim Wichsen abgespritzt haben. Lecker, das Zeug, wir schlabbern es gemeinsam von seiner Hand, unsere Zungen treffen sich, unsere Münder finden zueinander, sanft, liebevoll, wir lassen die rasende Lust langsam verrauchen, genussvoll, glühen nach, noch eine lange Weile. Dabei starren wir uns in die Augen, als ob wir uns zum ersten Mal sähen, als ob wir allein wären auf dem Planeten. Schön ist das …

»Boah, war das geil!«, kam es überlaut von Harry. Dann kramte er unter wiederholtem Prusten seine Sachen zusammen, war ganz schön fertig, hatte die Nummer bereits abgehakt. »Ich geh mich mal bisschen frisch machen. Kommt ihr mit?«

»Och nö«, antwortete ich für Sergiu und mich, »wir bleiben noch 'n Moment.«

Harry glotzte verdutzt rüber.

»Okay«, meinte er dann und zuckte mit den Schultern. Er war zwar etwas irritiert, aber nahm es einfach hin. Dann machte er die Tür auf und stieg aus. Rums! Die Tür war wieder zu, und wir waren allein.

Sergiu und ich fanden eine bequemere Position: Er legte sich rücklings auf den Gangboden, und ich rutschte runter und setzte mich neben ihn, über ihn, streichelte sein Gesicht, küsste ihn, küsste seinen Hals, die Brust, nibbelte an den Piercings, an den Nippeln. Spürte seine Hände über meinen Rücken streichen, hörte ihn leise brummen, merkte, wie seine Bauchdecke vibrierte dabei, genau da, wo meine Hand lag.

Die Zeit floss wunderbar bedeutungslos dahin, während wir uns in den Armen lagen und uns küssten. Er hatte seinen Kopf auf seine zusammengefalteten Hosen gelegt, und als ich ihn streichelte, fiel mir die glänzende Scheibe am Schlüsselbund an der Hose ins Auge, die er vorhin benutzt hatte. Ich nahm sie kurz in die Hand. Polierter Edelstahl, recht groß, bestimmt acht Zentimeter im Durchmesser, mit einem geprägten Symbol auf einer Seite, eine stilisierte Sonne.

»Das ist schön«, sagte ich.

Er sah mich verständnislos an. Fragte, ob ich Englisch spräche.

»*It's beautiful*«, wiederholte ich. Es stellte sich heraus, dass er selbst prima Englisch sprach, viel besser als ich. Er meinte, dass es das Logo einer Firma sei, für die er mal gearbeitet hatte. *Солнце (solntse).* Das russische Wort für Sonne, erklärte er, lachte dann und nahm das Ding in die Hand, drehte es um, tat so, als hätte er einen Strohhalm in der anderen Hand und würde eine Line von der glatten Rückseite schniefen. Ja, ich hatte mitbekommen, wozu er die Scheibe benutzte, und lachte ebenfalls kurz, schüttelte aber den Kopf.

»*No, I don't like*«, machte ich ihm klar.

Er grinste nur und legte den Anhänger wieder hin. »*No problem.*« Damit war das Thema erledigt.

Ich nahm mir ein Handtuch aus Harrys Fach, gab auch ihm eins, wir tranken kaltes Wasser aus dem Kühler und quatschten. Nur kurz klang an, dass Sergiu auf dem Weg zu seinem Bruder war, der in Wuppertal wohnte. Er wollte ihm helfen, ein Baustoffgeschäft aufzubauen, hatte eigenes Geld reingesteckt. Aber er musste immer wieder zurück nach Rumänien, zum einen weil er die richtigen Papiere noch nicht zusammenhatte, zum anderen wegen seiner alten Mutter. Die war wohl sehr krank. Ähnliche Geschichten hatte ich schon oft gehört, die Balkanroute war voll davon, aber sie schreckten mich nicht. Sergiu, genau wie die meisten anderen Männer, die mir von ihrem Schicksal erzählt hatten – oder wenigstens ein paar kleine Einblicke gegeben hatten –, beklagte sich nicht, sondern versuchte, die Zukunft mit Hoffnung zu füllen. Und ich würde den Teufel tun, irgendwas dagegen zu sagen.

Stattdessen redeten wir über Wuppertal, dann über Köln, das Sergiu bereits gut bekannt war, über Kneipen und andere Orte, an denen wir uns vielleicht mal über den Weg laufen könnten, denn ich war selbst immer mal wieder in der Gegend am Heumarkt unterwegs. Es traf sich, dass er selbst aus Pitești kam, einer Stadt nicht weit von Bukarest entfernt, in der ich schon öfter gewesen war. Er freute sich ehrlich, über ein paar öffentliche Plätze und Gebäude zu sprechen, die ich auch kannte. Wir tauschten Handynummern, für alle Fälle. Das passierte oft, und meine Kontakte waren voll mit Namen und Nummern, die ich gar nicht mehr zuordnen konnte, aber das störte mich nicht. Wozu sparsam damit sein, wenn man nicht wusste, was die Zukunft für einen bereithielt – und man diesen oder jenen Kerl womöglich doch einmal wiedersehen konnte?

Jedes Mal bei so einem Nummerntausch nahm ich mir

vor, später zumindest ein paar Stichworte dazuzuschreiben. Natürlich keine banalen Äußerlichkeiten. Eher so was wie ›Mag keine Pissspiele‹ oder ›Steht auf Dreier‹. Aber dann vergaß ich es meistens, und wenn eine Zeit vergangen war, konnte ich mich nicht mehr so genau an Besonderheiten oder Abneigungen erinnern. Nur noch daran, ob es geil, weniger geil oder megageil gewesen war. Und das reichte nun mal nicht für ein eindeutiges und brauchbares Profil aus. Auch Sergiu hatte sicher noch ein paar interessante Geheimnisse, und ich hätte nichts dagegen gehabt, sie zu erforschen. In einer der Städte, die wir beide kannten und öfter besuchten. Das bot genügend Möglichkeiten und schon jetzt genügend Gesprächsstoff.

So waren wir immer noch am Quatschen, als Harry vom Duschen zurückkam. Zu dritt setzten wir das Gespräch noch eine ganze Weile fort, bis Sergiu sich verabschiedete und in die Nacht verschwand. Vorher drückte er mir noch verstohlen etwas in die Hand, ich konnte fühlen, was es war. Als er draußen war, betrachtete ich die Sonnenscheibe noch eine Weile, während Harry noch seine üblichen versauten Kommentare zu der Nummer abließ. Das überraschende Abschiedsgeschenk rührte mich, freute mich richtig, ich wurde beinah sentimental. Manchmal war es schade, so ein ewig Reisender zu sein, ich hätte diesen Sergiu gern wiedergesehen …

## FRANKFURT – KÖLN – ARNHEIM:
# Der Meister ruft

Tatsächlich war meine nächste Station in der Nähe von Köln, wo ich bei meinem Kumpel Jörg übernachten würde. Allerdings war dort Ausruhen angesagt, Jörg würde gar nicht lang da sein und schon vor Tagesanbruch wieder auf Achse gehen. Ich konnte ausschlafen und hatte die Wohnung für mich allein, ein Luxus, der mir sehr willkommen war. Ich übernachtete öfter bei Jörg, und er nutzte manchmal meine Bude in Dresden als Hotel. Es war eine angenehme Abwechslung zu den sterilen Hotelzimmern und dem Pritschenbett im Führerhaus des Trucks. Und ich brauchte die Erholung. Ich hatte nämlich etwas vor…

Als ich ankam, begrüßte mich Jörg herzlich. Er war ein sportlicher Typ, achtunddreißig und hetero. Und ein echter Schatz, nicht nur dem Aussehen nach. Nur wenig kleiner als ich mit meinen eins zweiundachtzig, kurz geschorenes, dichtes dunkles Haar und dazu eine geile Fresse. Wir sprachen über die letzten Touren, bestellten Pizza und ließen den Fernseher laufen, irgendeine blöde Show, die uns nicht weiter störte.

»Fährst du morgen dann wieder zu deinem Meister?«, fragte er zwischen zwei Bissen.

Ich nickte mit vollem Mund.

Jörg grinste wissend. »Und? Schon geil?«

Ich nickte mit vollem Mund.

Am nächsten Tag wachte ich gegen Mittag auf, ich hatte echt gut geschlafen.

Alle paar Monate datete ich in Arnheim eine geile Drecksau, die mich als passives Luder benutzte. Und zwar so richtig benutzte, im wahrsten Sinne des Wortes. Diese Rolle lag mir genauso gut wie die aktive. Alles zu seiner Zeit. Und mit dem richtigen Typ.

Es klappte leider nur selten, dass wir bei meinem Tourenplan und seinen Geschäften einen passenden Tag fanden. Aber heute war es endlich wieder mal so weit. Ich genoss die Vorfreude, frühstückte gut, hing eine Weile am Laptop, um Mails und News zu checken, ging ins Bad und bereitete mich auf die Session vor.

Es waren etwa zwei Stunden Fahrt nach Arnheim, wo ich den Truck über Nacht auf einem bewachten Abstellplatz lassen konnte. Ich würde erst morgen früh weiter nach Rotterdam fahren. Den Tag Aufschub hatte ich mir eingerichtet. Und ich wusste, es würde sich lohnen.

Pünktlich um acht klingele ich bei ihm. PIETER VAN DIJK ist auf dem Klingelschild zu lesen. Die geile Drecksau Pieter van Dijk! Mein Herz pocht.

»Komm rauf!«, tönt es durch die Gegensprechanlage, und der Türöffner summt. Im Lift noch ein Blick in den Spiegel. Das versiffte, verschwitzte Unterhemd klebt mir am Leib unter der schwarzen Funktionsjacke, die auch schon bessere Tage gesehen hat. So will er es, mein Meister, richtig dreckig, und ich will es auch. Wie abgesprochen trage ich ein paar alte, schon ziemlich abgewetzte Cargohosen, bei denen die Naht am Arsch ein Stück aufgerissen ist. Nicht sichtbar, wenn ich vorsichtig gehe, aber auch nur dann. Drunter trage ich nichts. Es macht mich an, die Hose schon bei der Abgabe des Trucks und im Taxi anzuhaben, mein Loch – gut gespült und bereits eingeschmiert – leicht zugänglich, ohne dass es einer merkt. Jedenfalls bilde ich mir das ein. Ich drehe mich um, der Riss ist wirklich nur zu erahnen. Mit einer Hand fahre ich hinein, schiebe einen Finger in die weiche Muffe. Ich werde augenblicklich geil!

Die Tür ist angelehnt, drinnen ist es dunkel, leise Musik wummert aus der Wohnung ins Treppenhaus. Ich gehe rein, schließe die Tür hinter mir. Drehe mich um, da steht er! Meine Knie werden weich beim Anblick dieses geilen, versauten Mannes, mit dem ich jetzt stundenlang Sex haben werde. Er hat Militärhosen an, verdreckt, trägt einen Lederharness über der nackten Brust und Stiefel. Eine Army-Cap ist tief in seine Stirn gezogen.

Ich lege meinen Rucksack ab. »Hi«, sage ich heiser.

»Na, alles okay?«, fragt er, nicht wirklich interessiert, er will nur wissen, ob wir loslegen können. Wir kennen uns gut.

Ich nicke und komme näher, er zieht mich ran und küsst mich. Gleich mit Zunge. Sein Bart fühlt sich gut an, ich erwidere den Kuss freudig erregt, lasse mir seinen Atem einflößen, er beruhigt mich, schmeckt geil, ist wie eine Droge für mich. Und er hüllt mich ganz darin ein, bis tief in meine Lunge dringt sein Duft, bis ich wieder ausatme und das Ganze von vorn losgeht. Das entspannt mich, macht mich gefügig. Er greift nach hinten, packt meinen Arsch, fasst mit einer Hand in den Schlitz, fingert mein Loch ab.

»Mhmm, geil«, kommentiert er die Berührung meiner eingeschmierten Arschfotze, die seine Finger umklammert. Ob er mich gleich umdreht, den Schwanz rausholt und losfickt?

Nein, er hat es nicht eilig, drückt mich stattdessen runter, in seinen Schritt, ich schnaube in den versifften Stoff an der Beule, atme geräuschvoll ein, rieche eingetrocknete Pisse, Männerpisse, oh ja!

Ich knie mich hin und sehe zu ihm hoch, sehe den bärtigen, muskulösen Mann über mir, sein Blick kalt, vollkommen beherrscht, als würde er mich verachten. Aber der harte Schwanz, der in der Hose pocht, lässt die Erregung erkennen, die Glut, die unter der Haut in dem eiskalten Macho schwelt. Er sammelt Spucke und lässt einen dicken Faden zu mir runtergleiten, ich sperre mein Maul auf, strecke die Zunge raus und fange den Tropfen auf, das geile Zeug. Schlecke mit der schmierigen Zunge über die Hose, speichle die dicke Beule ein, sauge an dem Stoff, der langsam mehr Aromen freigibt, salzig schmeckt, versaut.

Eine Hand tätschelt meine Wange, der Kerl murmelt irgendwelchen Schweinkram, was ich für eine devote Drecksau bin, dass ich scharf auf seinen Schwanz bin, dass er mir meine Löcher stopfen wird und lauter so Sachen. Ich höre ihn kaum, versinke in einem Nebel aus Geilheit, atme die hormongetränkten Ausdünstungn der dicken Beule ein.

»Hol ihn raus«, dringt seine Stimme in mein Bewusstsein, und ich gehorche. Knöpfe den Latz auf, schnüffle in die Höhle mit dem dicken Schamhaarbusch hinein, ziehe den Latz auf. Ein Stück vom harten, von dicken Venen überzogenen Schaft kommt zum Vorschein, ich fahre mit der Zunge drüber, liebkose die samtene Haut. Dann ziehe ich den Stoff weiter auseinander, lasse es frei, das Monster, diesen geilen Riesenschwanz, endlich wieder, endlich!

Er wippt mir entgegen, schwingt hin und her, hypnotisiert mich, ist schon ziemlich steif, aber noch nicht ganz hart, hängt schließlich nach unten gerichtet vor mir, schwer und massig, zuckt wieder und wieder. Ein klarer Vorsafttropfen quillt aus dem Pissloch, das sich im Vorhautmantel zeigt.

»Hol's dir!«, fordert er mich auf.

Mit spitzer Zunge schlecke ich den Saft auf, lasse ihn im Mund zergehen, schmecke den metallischen, leicht salzigen Begrüßungstropfen. Schnuppere an der Schwanzkuppe – sie riecht ungewaschen, aber geil, nach Mann. Ich blicke hoch, hole mir die Erlaubnis, ein Nicken und ich nehme sie zwischen die Lippen, die Schwanzkuppe. Reibe die Vorhaut zwischen ihnen, mache den Mund auf und schließe ihn hinterm Eichelrand. Das dicke Schwanzende von dem Kerl im Maul, züngle ich in die Vorhaut hinein, schmecke ihn, den Mackerschwanz, lecke ihn, ganz sanft, behutsam, meine Lippen gleiten auf und ab, geben die Spitze wieder frei. Die pralle, glänzende Eichel drängt die Vorhaut zurück, der Anblick macht mich megascharf.

Ich suche den Blick des coolen Typen, der mich ungerührt beobachtet, wie ich seinen Hengstschwanz bewundere. Er nimmt mein Gesicht zwischen seine Hände, lässt den Prügel vor meinen Augen zucken, zieht mich ran und reibt ihn über meine Nase, die Wangen, die Augen, die Stirn, macht mich hungrig.

»Maul auf«, kommt das Kommando.

Ich mach's, strecke die Zunge raus und beobachte, wie es aus dem Pissloch herausläuft. Sofort komme ich näher und kriege einen heißen Strahl ins Maul. Ich schlucke, es schmeckt salzig, aber nur leicht, aber ich komme kaum nach mit dem Schlucken. Dann ein plötzlicher Stopp. Er dreht den Hahn zu.

»Schmeckt's?«

»Ja, geil«, antworte ich und muss schon den nächsten Strahl auffangen, nehme den Pissbolzen in den Mund und lasse mir direkt ins Maul pissen, die Kehle runter, es hört nicht auf!

Ich verschlucke mich, muss husten, ein paar Spritzer landen auf meiner Jacke, auf meinem Gesicht, dann schnappt sich der Kerl einen Gummistiefel, der griffbereit neben ihm steht, und pisst den Rest der Blasenfüllung in den Stiefel rein. Er stellt ihn beiseite und präsentiert mir seinen Schwanz, von dessen Spitze noch ein paar Tropfen auf den Boden fallen. Schnell umschließe ich die Schwanzkuppe wieder mit den Lippen, lecke daran, lecke alles auf, werde hungriger, hastiger, will mehr, bis mich eine Ohrfeige trifft.

Ich lasse ab, mein Ohr klingelt.

»Mach schön langsam, keine Eile.« Die leise Stimme

hat nichts Aggressives, klingt beruhigend, und trotzdem spüre ich die unterschwellige Erregung, die Beherrschung, die zugleich wie eine Drohung klingt. Aber ich habe keine Angst, nehme die Ohrfeige als Hinweis an, reiße mich zusammen, nähere mich dem Schwanz langsam, lecke von der Wurzel über den warmen, geäderten Schaft, ein paarmal rauf und runter. Er holt die Eier aus der Hose.

Ein schwerer Cockring glänzt an der Wurzel, umspannt den Schwanzansatz, drückt die haarigen Männerklöten prall in den Sack, geil! Sofort lecke ich drüber, nehme ein Ei in den Mund, sauge dran, leicht nur, nicht zu doll, das mag er nicht. Einen Moment später wechsle ich zum anderen, schlecke über die Naht, dann hoch zum Schwanz, über den Schaft und zurück, wieder vor bis zur Eichel, die jetzt blank liegt, prall und glänzend, ein perfekter Pilzkopf. Gleich hinter dem wulstigen Rand wird die Eichel schmaler, wird zu einer stumpfen Pfeilspitze, das Bändchen der Vorhaut spannt sich straff, als der Kerl sie jetzt ganz nach hinten zieht. Ein geiler steifer Schwanz wie aus dem Bilderbuch! Ich nehme die Kuppe in den Mund, rutsche weiter, am Schaft entlang, zurück, wieder vor, mehr Schwanz, zurück, wieder vor, tiefer, noch ein Stück. Dann mit etwas Anlauf, das Ding drückt sich in meine Kehle, passiert die Gurgel, ist drin, aber noch nicht ganz.

Ich frage mich, ob das jemals gehen wird, aber den Punkt erreiche ich immer bei den Dates mit Pieter. Ich weiß, dass er mir Zeit lässt, weiß, dass es schon oft geklappt hat, hoffe, dass es wieder klappt. Tief Luft geholt, dann wieder ran, drauf auf den Schwanz, wieder tief bis in die Gurgel, leichter geht es jetzt, und noch mal, und tiefer, es wird!

Seine Hände fassen mich am Hinterkopf, halten mich fest, helfen mir, drücken mich drauf, drauf auf den eisernen Prügel, es gibt einen Ruck – und das Ding steckt mir tief in der Kehle!

Gestopft, bis zum Äußersten gedehnt, die Luftnot macht mich high, der Schweiß läuft mir in Strömen, Tränen schießen mir in die Augen, er lässt mich frei.

Röchelnd und spuckend ringe ich um Atem, halte mich an seinen Beinen fest, hab's vielleicht übertrieben.

Pieter lacht geil, tätschelt mir die Wange. »Komm mit nach drüben.«

Er geht voran, ich raffe mich auf, folge ihm, ziehe mir im Gehen endlich die Jacke aus, es ist mir viel zu heiß! Der vertraute Anblick seines schwarzen Ledersofas mit dem Glastisch davor, die breite Fensterfront zur Straße hin, schöne Beats im Hintergrund, ein Porno auf dem Großbildschirm – ich fühle mich sofort sauwohl.

Er setzt sich aufs Sofa, der steife Schwanz steht aus der Hose raus, wir trinken Bier aus der Flasche, das schon bereitsteht. Nun reden wir ein bisschen, er will wissen, was ich so getrieben hab in letzter Zeit. Und meint natürlich Sex. Ich bin immer unsicher, ob ich ihm von den geilen devoten Fickstücken erzählen soll, die ich rangenommen hab, lasse es lieber, erzähle stattdessen von den paar Erlebnissen, bei denen ich selbst passiv war, oder erzähle aus der Perspektive der Passiven, mit denen ich eine geile Nummer geschoben habe.

Wir rauchen einen kleinen Joint, er verlangt nach

Details, ich mache ihn geil, er fängt an zu wichsen. Dann lehnt er sich zurück, macht die Beine breit.

»Los, blas mir einen.«

Ich rutsche vom Sofa, zwischen seine Beine, schlecke über den Sack, bevor ich den steifen Schwanz in den Mund nehme. Er rutscht mir in die Kehle, diesmal überspringt er den Widerstand, rein und raus, mit Mühe nur und unter heftigem Keuchen, trotzdem geht es, das macht mich geil, ich hole meinen Schwanz raus, wichse ihn hoch, blase jetzt wie ein Weltmeister.

BÄNG!!

»Keine Zähne!«

Die Schelle war nicht ohne, mir wird heiß, aber ich strenge mich an, reiße mein Maul auf – bloß keine Zähne! – und würge an dem fetten Pflock in meiner Kehle, drücke mich trotzdem weiter drauf, zwinge ihn mir rein, und ich kriege kaum Luft durch die Nase, bin wie berauscht. – geiiil!

Muss loslassen, sonst platzt mir der Schädel.

Ran wieder, mit fester Hand drückt er mich erneut auf seinen Schwanz, fickt rein in meine Maulfotze, heizt mich mit geilen, versauten Sprüchen an, was für ein geiler Schwanzlutscher ich bin, eine dreckige Schlampe, sein devoter Ficksklave und immer so weiter. Gurgelnd lasse ich mir den Kolben reinhämmern, bin nur noch für den Schwanz da, er ist mein Fokus, füllt mich aus, macht mich glücklich …

Er stößt und stößt, richtet sich nach einer Weile auf, ohne mir eine Pause zu gönnen, benutzt mich wie ein Toy, eine Taschenmöse, eine Wichshilfe für seinen Schwanz, für den dicken, harten Männerschwanz. Eisern führt er meinen Kopf, wie es ihm gefällt, schneller, langsamer, tiefer, steiler, flacher, ich kann mich nur fügen!

Langsam bin ich in einem merkwürdigen Zustand, diese völlige Hingabe ist sonst nicht mein Fall, aber jetzt löse ich mich völlig auf, schwebe davon, kriege gar nicht mit, wie hart ich ins Maul gefickt werde, es geht ganz einfach, kein Würgen mehr, kein Problem …

Dann ist es auf einmal vorbei. Er lässt mich los, der Macker, setzt sich aufs Sofa, ich halte mich mit Mühe aufrecht, bin fix und fertig, meine Kehle brennt, meine Augen tränen, mein Herz rast. Mit jedem schlürfenden Atemzug komme ich langsam in die Realität zurück, schüttle die Benommenheit ab, kriege mit, wie Pieter genauso schwer atmet, laut stöhnt, sich die Cap vom Schädel reißt und sich den Schweiß mit beiden Händen abwischt. Nass ist er, der ganze Kerl, die schwarzen Achselhaare unter den angehobenen Armen glänzen wie lackiert, ich reibe mir die Augen trocken, hab immer noch einen Schleier davor.

Die wummernden Bässe der Hintergrundmusik erreichen wieder meine Sinne, ich konzentriere mich, schnaube erlöst auf, der größte Druck, ein Gemisch aus Vorfreude und Nervosität, ist erst mal weg.

Erschöpft und glücklich sinke ich neben Pieter aufs Sofa, leere das Bier in einem Zug. Wir atmen beide noch schwer, glotzen auf den Bildschirm, obwohl zumindest ich ganz woanders bin, gar nichts mitkriege. Noch immer bin ich verwirrt, was war das eben, verdammt, war das geil! Eine Hand von ihm liegt schwer auf meinem Schenkel, einfach so, im Pausenmodus, wir schweigen und entspannen uns.

Nach einer Weile steht er auf.

»Noch 'n Bier?«, fragt er, schon fast an der Küchenzeile, quer durch den Raum.

»Ja, und ein Wasser.«

»Zieh dir mal die Kluft aus, ich will dich jetzt nackt«, meint er beiläufig, aber ich weiß, dass ich nicht lang zögern darf. Er kann es nicht leiden, wenn seine Befehle nicht sofort befolgt werden, dann kippt die Lage schnell, wie ich schon erfahren musste. Er ist der Meister. Das fordert mein eher rebellisches Wesen manchmal ganz schön heraus, aber ich zwinge mich dazu, denn ich weiß, was ich dafür bekomme. Der Mann ist so überzeugend dominant, dass ich über meinen Schatten springe, um an ihn ran zu dürfen. Für seinen Schwanz bin ich ihm hörig. Jedenfalls wenn ich hier bin.

Also beeile ich mich, mich aus den Klamotten zu schälen. Auch ich trage Stiefel, die müssen erst mal runter, mühsam ist das, die vielen Löcher, aber das darf mich nicht aufhalten. Raus aus den Hosen, das Shirt weg, ich hab nur noch einen Jock an, nicht der sauberste, geil. Um die Stiefel wieder anzuziehen – denn ich weiß, dass er das erwartet –, setze ich mich hin. Pieter kommt zurück, wir prosten uns zu und trinken einen Schluck, dann lässt er sich neben mich plumpsen, sieht mir zu, wie ich die Stiefel schnüre, wichst gemächlich seinen Schwanz dabei.

Endlich hab ich's geschafft, schnaufe erleichtert auf und will mich gerade zurücklehnen.

»Ich will jetzt ficken!«, kommt es emotionslos von dem Kerl.

»Ja, mein Meister«, antworte ich, wie ich es von ihm gelernt hab.

»Da«, er deutet auf den Esstisch vor der Fensterfront, »bück dich da drauf, Arsch zu mir.«

Ich stehe auf, gehe zu dem massiven Holztisch und beuge mich über die leere Tischplatte, lege meine Ellbogen ab, strecke ihm meinen Arsch entgegen, die Beine breit gespreizt.

»Finger an deinem Loch rum.« Der Meister bleibt sitzen, ich drehe meinen Kopf und sehe, dass er wichst, erspähe den dicken, langen Schwanz, gehe mit einer Hand an meinen Arsch, in die Ritze, schieb einen Finger ins Loch, dann zwei. Schon kann ich fühlen, wie fickbereit ich bin, also schiebe ich einen dritten Finger dazu, leicht geht das, ganz einfach, aber der Schwanz da drüben ist viel, viel dicker!

Pieter steht auf, kommt zu mir rüber und kniet sich hinter mich, schlägt mit der flachen Hand abwechselnd auf beide Backen, ich versuche, ganz locker zu bleiben, spüre, wie mein Arsch warm wird. Er zieht die Backen auseinander, seine Bartfresse fährt durch die Ritze, seine Zunge spielt druckvoll um meine Rosette herum, schlüpft rein, er nimmt Finger dazu, wow, das fühlt sich gut an ...

Er stellt sich auf, legt seinen schweren Knüppel auf meinen Steiß, reibt sich daran, die pure Vorstellung, dass das dicke Ding gleich in mich eindringt, lässt mich zittern vor angespannter Erregung. Jetzt setzt er an, drückt die Eichel durch den Ringmuskel, zieht sie wieder raus, aaahh! Ich stöhne wild, bin fickbereit, mehr als willig.

Der Druck ist heftig, als sein ganzes Teil reinfährt, aber alles ist gut. Die Dehnung ist geil, fokussiert meine Sinne auf genau diese Stelle, alle anderen Gefühle, alle Gedanken sind verdrängt, das Gefühl im Arsch beherrscht mich.

Wieder raus. Und rein, tiefer jetzt, der nächste Widerstand wird geknackt, stärker wird der Druck, ich korrigiere meinen Stand, die Beine weiter auseinander, nur nicht verkrampfen! Ein paarmal passiert der Bolzen den Muskelring, schickt mir wieder und wieder einen Schauer durch den Leib, bis mein Körper aufgibt, nur noch den dicken Pflock umschmiegt, mehr noch, die Dehnung als lustvoll empfindet, die langsamen Stöße mit jeder Faser genießt.

Der nächste Ruck, der nächste Widerstand, unerträglich, es geht nicht weiter. Doch mein Keuchen und Ächzen, mein Versuch, dem dicken Hengstschwanz zu entkommen, sind vergebens, der Macker schlägt mir mit fester Hand auf eine Arschbacke.

»Halt still!«

Der Schreck bringt mich kurz aus der Fassung, und genau da sticht der Dreckskerl zu, rammt den dicken Prügel tief rein, reißt mich auf. Ich schreie, aber sofort presst sich eine Hand auf meinen Mund, erstickt jeden Laut, und unerbittlich drückt sich der Riesenschwanz erneut tief in mich, lässt keinen Widerstand gelten, bohrt sich ins Innerste meiner Gedärme. Gepfählt, unter Winseln und Keuchen versuche ich, nicht in Panik zu verfallen, obwohl es wie Feuer brennt in meinen Eingeweiden, das Folterwerkzeug aus mir raussoll, raus*muss*!

Ganz langsam, quälend langsam, zieht sich der Eindringling zurück, der Schmerz lässt nach, das Brennen bleibt, aber endlich ist er raus und mein Arschkanal wird erlöst, ist heiß und wie betäubt, meine Muskeln gehorchen kaum, sind überwältigt von meinem Stecher.

Pieter lacht zufrieden, verpasst mir einen liebevollen Schlag auf eine Arschbacke.

»Hui, geil!«, meint er, während ich mich aufrichte und die Beine schüttle, immer noch den Schwanz in mir spüre, oder eher die Leere, die er hinterlassen hat. Doch die Sau drückt bereits wieder meinen Oberkörper auf die Tischplatte, gibt mir keine Pause. Schmiert kühlendes Gleitgel in mein Loch, bereitet es für die nächste Attacke vor.

Pieter hält mir ein Poppersfläschchen hin. Ich nehme ein paar Züge und ergebe mich meinem Schicksal, strecke meinen Hintern dem Peiniger entgegen. Mein Kopf kocht geradezu, die Dämpfe wirken, genau im richtigen Moment schiebt sich der Bolzen in mich, es geht gut, sehr gut, geil! Dann doch wieder ein stechender Schmerz, der Kerl presst mich nach unten, kennt kein Pardon, bleibt in mir, bis zum Anschlag, fängt an, mich mit kurzen Stößen komplett aufzubohren, noch mal Poppers, und dann ist freie Bahn …

Das Brennen bleibt, breitet sich im ganzen Körper aus, wird zu einer flüssigen Hitze, die jede Faser durchdringt, bei jedem Stoß einen Schwall Wohlgefühl durch mich strömen lässt, ahhh!

Die Stöße werden schwungvoller, er holt weiter aus jetzt, der Fickhengst, und mein Arsch empfängt seinen Pflock ohne Widerstand, lässt sich aufspießen, erwartet den nächsten Stoß mit Spannung. Wie erlöst stöhne ich jedes Mal auf, wenn er endlich wieder gestopft wird. Allein der Gedanke, dass dieser Riesenschwanz in mich hineinfährt, macht mich geil. Ich nehme meinen Schwengel in die Hand. Obwohl er nur halbsteif ist, laufe ich aus, unablässig tropft Vorsaft aus dem Ding, meine Prostata jubelt, es fühlt sich nur noch geil an, nur noch geil…

Wir wechseln in den Sling im Schlafzimmer, Masken, Fesseln, Dildos überall, meine Löcher werden die ganze Nacht hindurch gestopft, noch weiter gedehnt und benutzt, in allen Stellungen, allen Varianten, bis die Pausen zwischen den Nummern länger werden, unsere Glieder schwerer, bis wir genug haben. Schließlich fallen wir ins Bett. Pieter hat dreimal abgespritzt, ich zwei, gefühlte zehn Mal. Es dauert nicht lang, und ich penne weg.

## ARNHEIM – ROTTERDAM:

# Peepshow zwischen Containern

Keine Ahnung, wie ich den nächsten Tag überstanden hab, die kurze, aber stressige Fahrt nach Rotterdam und dann das stundenlange Helfen beim Abladen im Hafen. Ich hatte einen ordentlichen Muskelkater, von meinem Arsch ganz zu schweigen. Aber ich aß tüchtig, trank viel Wasser und versuchte durchzuhalten. Hatte verwirrende, aber geile Flashbacks, Bilder im Kopf, als ob ich Pieter und mir gestern von außerhalb meines Körpers zugesehen hätte, ich sah mich über den Tisch gebeugt, mit weit gespreizten Beinen im Sling liegen, auf dem Sofa, dem Boden, dem Balkon, gefickt von dem geilen Kerl, dem Meister.

Irgendwie ging der Tag rum, ich war fertig mit der Welt, stellte jedes Gerät aus, das auszustellen war, und rollte mich in meiner Koje im Truck zusammen, nur noch ausruhen, nur noch schlafen …

Ich schrak auf, als es laut klopfte. Verwirrt schob ich die Verdunkelung ein kleines Stück zur Seite. Es war helllichter Tag.

»Eh, wach auf«, rief der Typ, der mich aufgeweckt hatte, und lachte mich fröhlich durch die Scheibe an. »Wir sind dann demnächst so weit!«

Sein niederländischer Akzent und das nette Lachen unter der Wollmütze, unter der sein blondes Haar hervorlugte, machten es mir schwer, ihm böse zu sein. Ein Blick auf die Uhr: Es war sieben. Ich hatte neun volle Stunden geschlafen, das musste reichen. Also raffte ich mich auf, packte meine Sachen zusammen und wollte zum Duschcontainer gehen. Dass der Typ draußen vor der Tür des Trucks wartete, überraschte mich. Noch nicht ganz wach, konnte ich seinem munteren Geplauder kaum folgen. Er stellte sich als Niklas vor – Handschlag, »Christoph« –, sprach dann ohne Unterbrechung vom Ladeplan – vier Gabelstapler, acht Männer, drei Stunden – und war voller Tatendrang. Ich hörte ihm wortkarg zu und musterte den jungen Kerl auf dem einige Minuten langen Weg. So Ende zwanzig, nette Statur, etwas größer als ich, ein schlanker, drahtiger Typ mit rötlich-blondem Bartflaum, der seinem sonst so glatten, frischen Gesicht mit den ebenso frisch-roten Lippen und den klaren Augen einen Hauch Verwegenheit verlieh. Der Bursche folgte mir sogar in den Waschbereich hinein!

»Hast du den Auftrag, mich zu bewachen, damit ich nicht abhaue, oder was?« Ich war eher amüsiert als verärgert.

Niklas grinste verlegen. »Sorry, bin noch neu. Das ist erst meine zweite Woche.«

»Da bin ich ja froh, dass ich dich nicht in deiner ersten erlebt hab«, meinte ich nur.

Er lachte unsicher. Langsam wurde mir das Ganze doch zu blöd.

»Also ich geh jetzt aufs Scheißhaus. Willst du mir dahin auch folgen?«

Jetzt wurde er tatsächlich rot, der Junge!

»Äh, nein, schon okay. Wir treffen uns drüben.« Damit ging er raus.

Keinen der Crewmänner kannte ich, aber das war bei den Hunderten von Dockarbeitern normal. Drinnen im Truck war die Temperatur noch erträglich, die Nacht hatte das erhitzte Monster abgekühlt, und da stand es, noch leer, eine aufgesperrte, leere Höhle.

Die Kerle für den heutigen Einsatz und ich stellten uns einander vor. Ali, der Vorarbeiter, ein großer, bäriger Kerl, erklärte uns, wie wir vorgehen würden. Außer Niklas und mir sollten noch zwei andere Typen, Hakim und Ibrar, beim Dirigieren der einfahrenden Stapler und beim Festzurren helfen. Geladen wurden große Kisten mit Maschinenteilen aus Schanghai, sie standen ein Stück weiter auf Paletten bereit, in einer schier endlosen Reihe. Kaum zu glauben, dass die alle in meinen Truck reinpassen sollten, doch ich wusste, es würde klappen. So war es immer. Oder jedenfalls meistens.

Das kleine bisschen Unsicherheit reichte aus, dass ich den ganzen Vorgang so konzentriert wie möglich im Auge behalten wollte, das war neben der körperlichen Anstrengung Stress pur. Jeder verschenkte Zentimeter konnte am Schluss eine Riesenpanne ergeben, wenn dann doch die letzten Kisten nicht mehr reinpassen würden.

Wie selbstverständlich überließen mir die Kerle das Kommando und führten jede meiner Anweisungen ordnungsgemäß aus. Besonders Niklas wich nicht von meiner Seite und half bei jedem Handgriff geschickt mit.

Stundenlang merkte ich gar nichts, erst kurz vor der Mittagspause ertappte ich ihn dabei, wie er auf meinen Schwanz starrte, oder besser: auf meinen Hosenlatz. Ich reckte mich hoch, um einen der oberen Gurte zu erwischen, der lose war, und er kniete unten am Boden und hielt die Trittleiter fest, auf der ich stand. Als ich kurz nach unten sah, fixierte er gerade eindeutig meine Beule. Er bemerkte meinen Blick und wurde wieder rot, wie vorhin im Waschraum. Niedlich. Ich tat so, als ob nichts gewesen wäre, und widmete mich wieder meiner Aufgabe.

»Hab ihn!«, rief ich nach unten, während ich den Gurt festmachte. Aber meine Gedanken hatten plötzlich einen anderen Fixpunkt. Ich sah den Burschen jetzt mit neuen Augen und stellte mir vor, diese frischen Lippen zu küssen, überlegte, wie wohl sein nackter Hintern aussah – was sich in der weiten Arbeitshose erahnen ließ, war vielversprechend. Mit großem Gefallen musterte ich seine starken Arme mit den kurzen, goldblonden Härchen drauf. Sah das blaue Tattoo auf dem linken Oberarm, ein Matrosentorso, der einen Anker umschlang wie ein Liebender seinen Schatz. Oookay …?

Ich war froh, als Pause war. Wir hockten uns alle im Freien auf herumstehende Kisten und bedienten uns an einer davon, die zum Tisch umfunktioniert war, an leckeren *broodjes ham-kaas* und kalten Softdrinks. Niklas setzte sich neben mich, das war natürlich praktisch. Ich versuchte ein paar zweideutige Bemerkungen. Machte ihn auf ein paar beeindruckend glänzende Trucks aufmerksam – »Geile

Dinger, die auf die nächste Ladung warten« –, von meinen Anspielungen aufs »Andocken« und ähnliches Zeug ganz zu schweigen.

Nichts war mir zu peinlich, doch ich registrierte freudig, dass Niklas die billigen Vergleiche mit zunehmender Offenheit und lauterem Lachen beantwortete. Jetzt, wo ich zu wissen glaubte, dass er schwul war, suchte ich nach einem Plan, wie wir uns ungestört näherkommen könnten. Aber noch während ich nachdachte und dabei schon mal nach »stillen Orten hier auf dem Dockgelände, wo nicht so ein hektisches Treiben herrscht« fragte, registrierte ich, dass er immer wieder Blicke mit Ali, dem Vorarbeiter, tauschte. Je länger ich das beobachtete, desto mehr drängte sich mir das Gefühl auf, dass zwischen den beiden was lief. Und obwohl Niklas sicher auch an mir Interesse hatte, war er nicht wirklich fokussiert auf mich. Darum entging es mir nicht, wie Niklas, als Ali gerade aufgegessen hatte, aufstand und seine Pause ebenfalls beendete, von uns wegtrabte, ja sich geradezu hastig davonmachte, allerdings in eine andere Richtung. Die anderen aßen und quatschten gleichgültig weiter, aber ich war neugierig.

Ich suchte und fand den großen Ali, da hinten schlüpfte er zwischen ein paar Container neben einem Bürogebäude, verschwand in einem Gang. Und wirklich: Nachdem ich eine kurze Weile in Deckung gewartet hatte, eilte Niklas heran, nahm denselben Weg. Ich musste schmunzeln. Den beiden sollte ich ein bisschen Zeit lassen, denn ich konnte mir vorstellen, was sie vorhatten, die beiden notgeilen Mistkerle. Männer!

Absichtlich nehme ich einen anderen Weg durch das menschenleere Containerlabyrinth, im Bewusstsein, dass ich ja doch irgendwo auf die zwei treffen werde. Ich höre sie schon, bevor ich sie sehe, unregelmäßige Keuchlaute, ich verlangsame meine Schritte. Und wie erwartet: Da kniet Niklas an einer Containerwand, und Ali steht mit heruntergelassener Hose vor ihm und fickt ihn in den Mund. Ein üppiges Gesträuch, das sich in die schattigen Gänge zwischen den Metallkästen gedrängt hat und dort bestens gedeiht, verbirgt mich vorerst. Leider muss ich auch feststellen, dass ausgerechnet da, wo ich stehe, ein Gitterrost zwischen mir und den Akteuren den Weg versperrt. Mein erster Impuls ist, einen anderen Weg zu suchen, aber genau in dem Moment röchelt und spuckt Niklas so laut, dass ich näher hinsehe.

Dieser Ali hat ein ganz schönes Kaliber, sodass Niklas das Ding richtig tief rein kriegt, eine echte *Deepthroat*-Nummer! Das macht mich sofort an, und noch mehr macht mich an, wie der blonde Niklas dabei schlabbert und giert und nicht genug kriegt von der Monsterlatte. So eine geile Sau!

Ich beschließe, in meinem Versteck zu bleiben, jedenfalls vorerst. Mein Schwanz ist schnell herausgeholt, ich wichse gemächlich, während ich den beiden zusehe. Mann, kann der Junge blasen! Ich stelle mir vor, wie ich meine eigene Saftlatte bis zum Anschlag in das hungrige Maul schiebe, so wie Ali gerade, er stößt nach, seine drallen Arschbacken, die Muskeln bewegen sich, als er federnd in den aufgesperrten Schlund fickt. Dann reißt er den fetten Prügel raus, speicheltriefend, Fäden aus zäher Spucke hängen Niklas am Kinn. Er röchelt wieder, ist knallrot im Gesicht, hechelt aber schon wieder mit offenem Maul und rausgestreckter Zunge nach dem dicken Saftschwanz. Er kriegt das Ding links und rechts gegen die Wangen, dann rein ins Fickmaul damit, genau so muss das sein!

Ich rechne schon mit Alis Abgang, bin selbst kurz davor, aber er zerrt den Schwanzlutscher hoch, dreht ihn um und drängt ihn an die Containerwand. Ach du geile Scheiße! Die sind ja echt hemmungslos! Niklas bringt sich in Position, blickt nervös um sich, die Gänge entlang, ich ducke mich hinters Gebüsch, höre den Kerl aufstöhnen, wage mich vorsichtig wieder vor.

Ali hat Niklas' blassen Hintern an sich gezogen, packt den Bengel an den Hüften und fickt ihn genüsslich, mit langen, langsamen Stößen, ganz tief rein. Niklas stöhnt wohlig, hat die Augen geschlossen, empfängt den harten Spieß bereitwillig und wichst sich dabei. Und dieser Ali fickt gut, hat ziemlich Feuer. Sogar so gut, dass ich mich in Niklas reindenke, mir vorstelle, wie mein eigener Arsch von dem Monster aufgerissen wird, bis zum Anschlag.

Ich strecke ihn tatsächlich raus, meinen Arsch, hab zwar die Hosen an, aber die Haltung reicht aus, um mich in den Fick hineinzufühlen, mir auszumalen, wie der dicke Kolben eindringt, sich ins Innerste bohrt, immer tiefer, dann rausfährt und wieder rein, ich kann's förmlich spüren. Noch immer steckt die Erinnerung an Pieters Hammer in meiner Arschfotze. Ich sehe zu Ali rüber, wie er den anderen durchfickt, schneller jetzt, hart und fest, Niklas japst und zappelt dabei, aber sein Gesicht glüht vor Begeisterung. Er wird richtig durchgerammelt, genau wie Pieter mich durchgerammelt hat, die geile Drecksau, mit seinem dicken, fetten Hengstschwanz. Ich spiele mit meinen Arschmuskeln, beschwöre das Gefühl herauf, wie ich gefickt werde.

Hin und her schwappen die Bilder, vor Augen die beiden geilen Kerle am Ficken, dann wieder Erinnerungen an Pieters und mein letztes Date. Wie er mich am Tisch genommen hat. Im Sling. Richtig tief war er drin, entspannt bin ich auf den Schwanz geschaukelt und wieder runter, dann wieder drauf. Ich spürte es in mir vibrieren, mein ganzer Körper ist immer noch überreizt von der heftigen Session, empfindlich, der Ficker hat mich für Tage fertiggemacht. Ich werde noch eine Weile dieses Gefühl mit mir rumtragen, heftig benutzt worden zu sein.

Ali wird lauter, aber nur ein bisschen, genug um zu verstehen, dass er am Kommen ist. Niklas schmeißt seinen Hintern den kräftigen Stößen entgegen, kann's gar nicht erwarten, von dem geilen Mann besamt zu werden. Keucht auf Niederländisch aufmunternde Sauereien, geht noch weiter ins Hohlkreuz, bückt sich weit runter.

Mir steht der Saft schon im Rohr, ich wichs kaum noch, die kleinste Berührung fühlt sich schon extrem riskant an, und genau als Ali abspritzt, schieße auch ich mein Sperma in die Luft, auf die Blätter des Gebüschs, an den Gitterrost. Ich bin so überrascht über den heftigen Orgasmus und seine Folgen, dass ich die beiden anderen ganz vergesse. Stattdessen beobachte ich, wie meine Soße zäh von Rost und Blättern tropft, schüttle mir den Rest von der Hand und nehme die Blätter als Handtuchersatz. Was 'ne Ladung!

Ali und Niklas ziehen sich an, kein Kuss, kein Lachen, es ist, als ob das alles geschäftlich gewesen wäre.

Egal, ich mach, dass ich wegkomme.

## ROTTERDAM – MÜNCHEN:

# Passiv, aber nicht devot

Nach zwei Dritteln der knapp achthundertvierzig Kilometer nach München, wo ich die Ladung abliefern musste, irgendwo hinter Würzburg, schlief ich eine Nacht auf einem Parkplatz in meiner Koje. Es regnete, das war mir recht, denn dann würde ich nicht auf dumme Gedanken kommen. Zu jeder Tages- und Nachtzeit trieben sich zwielichtige Gestalten zwischen den Trucks herum. Die Fahrer sah man nur selten, sie schliefen oder saßen im Bistro, aber es gab jede Menge Gauner und sogenannte »Geschäftsmänner«, die sie ansprachen, um auf kriminellen oder bestenfalls halblegalen Wegen die Ladungen, oder Teile davon, umzuleiten, wofür sie mehr oder schnelleres Geld versprachen. Es war beinah egal, was man geladen hatte, die Typen wussten immer was damit anzufangen. Oder sie klauten es dir einfach vom Truck, wenn du nicht aufmerksam genug warst.

Dazu gab es Zuhälter, die ihre Nutten an den Mann bringen wollten.

Beides interessierte mich nicht. Aber es gab eben auch immer ein paar Kerle, die Sex suchten, gegen Geld oder einfach so. Das ließ mich selten kalt, aber heute Nacht, bei

Regen und nach den Erlebnissen der letzten Tage und der anstrengenden Fahrt, war ich mehr als bedient. Ich telefonierte kurz mit Harry, der mit seiner neuen und so wichtigen Ladung bereits auf dem Weg nach Wien war, dann haute ich mich in die Kissen. Ich war fix und fertig.

Am nächsten Morgen machte ich mich zeitig auf. Es lief relativ gut. Auf der Strecke nach München gab es ewige Baustellen, darum waren Staus normal, aber sie hielten sich in Grenzen. Ich war guter Dinge, mein Ziel, einen Flugzeugbauer, bis Mittag zu erreichen. Dann Pause, und anschließend würden wir sicher fünf, sechs Stunden zum Abladen brauchen. Meine Gedanken begannen, sich um die Gestaltung des Abendprogramms zu drehen. Ein prüfender Griff an meinen Schwanz: Ja, wach und unternehmungslustig!

Ein Hotel hatte ich mir diesmal nicht gebucht, schon mit dem Plan, es mal auf mich zukommen zu lassen. Einer der Vorteile als Trucker sind die internationalen Kontakte untereinander. Das ist genial und funktioniert auf vielen Ebenen. Natürlich auch über schwule Chats. Ich ging online. Das große Display konnte ich prima bedienen, den Monitor bequem einsehen, während ich kilometerweit wie mechanisch Kolonne fuhr.

Die geile Bottombitch407 war leider nicht on, ich hinterließ trotzdem eine Message, dass ich in der Stadt sein würde. Man weiß ja nie.

Ich checkte einen schwulen Trucker-Club, es waren jede Menge Typen online. Das sagte noch nichts, ich musste einen finden, der mir gefiel und abends in München war.

Diejenigen, die ernsthaft Sex suchten, oder einen Kumpel zum Chillen und Biertrinken, zeigten ihr Ziel und die geplante Uhrzeit in der Headline an. Aha, immerhin! Einige hatten München angegeben. Worauf die Typen aus waren, interessierte mich gar nicht, mir war viel wichtiger, mit was für Typen ich es zu tun hatte. Es war schon öfter passiert, dass das Biertrinken in Sex geendet hatte. Oder umgekehrt.

Ich sah mir die Profile von drei Kerlen an, einer davon nicht schlecht – ich hinterließ einen »Scharf«-Taps nach meinem Besuch –, aber der vierte interessierte mich sofort viel mehr. Ein Ukrainer, sechsunddreißig, ein bisschen kleiner als ich und ein absolut geiler Body, griffig, kleines Bäuchlein, dabei männlich-kräftig und auch ganz nett tiefschwarz behaart. Auch das kurz geschnittene Kopfhaar und der getrimmte Vollbart waren schwarz, oder jedenfalls dunkelbraun. Passiv, nicht devot, aber passiv… Ich schickte ihm einen »Geile Sau«-Taps und haute sofort in die Tasten.

›lust u zeit heut abend??‹

Ließ erst mal alle anderen links liegen, wartete, beobachtete den Verkehr auf der Straße, wartete noch etwas länger.

Als es piepte, wartete ich noch in bisschen. Bloß keine Hektik.

Klar war es der andere Typ, dem ich einen Taps hinterlassen hatte! Er hatte mir einen zurückgeschickt und gleich noch eine Message:

›Hi‹

Die Nummer kannte ich, das würde ein zähes Hin und

Her geben, und rauskommen würde gar nichts. Ich reagierte erst mal nicht, würde mich morgen entschuldigen oder so, aber jetzt wollte ich lieber warten.

Die nächste Message. Das war er! Und genau, wie ich es liebe, kam der Bursche direkt zur Sache, fand mein Profil geil und ging noch mal auf Nummer sicher, ob ich auch wirklich aktiv sei. Ich schickte ihm einen versauten Dirty-Talk-Schwall, was ich alles gern mit ihm machen würde, der ihn überzeugte. Ich bekam seinen Namen – Danylo – und seine Handynummer – bleibt geheim, haha.

Seine Stimme und der ukrainische Akzent – der für mich russisch klang – pumpten einen merklichen Schwall Blut in meinen Schwengel. Geil! Wir sprachen nur kurz und machten aus, dass ich ihn anrufen würde, wenn ich die Arbeit hinter mich gebracht hätte. Er war bereits fertig, hatte seinen Nachtplatz auf einem Autobahnrasthof und erzählte, dass noch Plätze frei seien. Bestimmt auch noch später.

Ein gebuchter Platz wäre mir lieber gewesen, um auch sicher zu sein, aber das Risiko musste ich eingehen. Ein geiler Ukrainer! Mannomann, mir lief das Sperma im Sack zusammen …

Die letzten zwei Stunden Fahrt waren echt eine Qual! Ich hatte mich aus dem Chat abgemeldet und ging wieder offline. Vertrauen konnte ich auf die geplante Session nicht, aber hoffen auf alle Fälle. Ich war scharf wie ein Rettich. Mich auf den Verkehr zu konzentrieren, war nicht mehr so leicht, aber der verlangte mir zum Glück wenig ab. Ich griff an meinen Schwanz. Ja, bald würde er frisches Fotzenfleisch durchpflügen …

Noch eine Kiste. Und noch eine. Es ging mir alles viel zu langsam beim Ausladen. Aber die Crew kannte ihren Job, das Tempo war eigentlich richtig klasse, darum hielt ich mich mit kritischen Kommentaren zurück. Zeigte mich auch in der Pause geduldig, ohne allzu oft auf die Uhr zu sehen. Doch dann ging es endlich weiter, nach etwas über fünf Stunden waren wir fertig. Die Papiere inspizierte ich nur flüchtig, das konnte ich auch morgen noch mal gründlich machen.

Als ich auf den Autobahnrasthof einfuhr, war ich angenehm aufgeregt. Erst mal musste ich einen Parkplatz finden, was glücklicherweise schnell klappte. Ich hatte zwar schon Ausschau nach seinem Mercedes-Truck gehalten, aber ihn nicht entdeckt. Ich schaltete den Motor ab und wählte den Typen an. Er war schnell dran, fragte, ob ich da sei.

»Ja, aber ich hab deinen noch nicht gesehen«, meinte ich.

Schräg gegenüber in der Reihe vor mir blinkte eine Lichthupe auf. Der Kerl machte sogar das Licht in der Kabine an und winkte mir überschwänglich zu. Niedlich!

Er schlug vor, gleich rüberzukommen. Ich schickte ein Dankgebet ins Universum!

Mann, hat der Augen! Der Blick, den er mir beim Hochsteigen auf den Beifahrersitz zuwirft, ist der Hammer! Eine geile Bartfresse mit glühenden hellen Augen.

»Hi«, sagt er heiser, macht die Tür hinter sich zu und richtet den Vorhang wieder. Sieht mich kurz an – im spärlichen Licht der bunten Schalter auf dem Armaturenbrett sind diese Augen unfassbar sexy. »Geil«, will er eigentlich sagen, und damit meint er mich. Er kriecht einfach über den Sitz und weiter über den Zwischengang und drückt sein Gesicht in meinen Schoß.

Ich verschränke meine Hände hinter dem Kopf, während er sich suhlt in meinem Schritt, fasse mit den Fingern ins kurze dunkle Haar, bin geflasht, wie dieser fremde, schöne Kerl sich einfach zwischen meine Beine schmeißt.

Natürlich reagiert mein Lümmel sofort, wird auch gleich von geschickten Händen aus der Hose befreit und aufs Wärmste empfangen. Was für ein Lutschmaul! Erregt beobachte ich das Profil des geilen Kerls, wie er rauf und runter an meiner mittlerweile bockharten Latte saugt, mit der breiten Zunge an der Unterseite langfährt, die Vorhaut zwischen seine Lippen nimmt, über die blanke Eichel schleckt, sich dann das ganze Ding ins Maul schiebt, bis es nicht mehr weitergeht, bis er gurgelt, röchelt, würgt. Doch der Schwanz ist noch nicht ganz drin, uns bleibt noch viel Spielraum.

Ich ziehe den Kerl hoch, und wir küssen uns. Klar gibt's auch geile Nummern, bei denen das keine Rolle spielt, aber ich knutsche unheimlich gern. So richtig mit viel Zunge, heiß und geil und versaut. Und dieser Danylo kann das gut, macht prima mit, ist eine richtig geile Drecksau. Wir schlecken uns übers ganze Gesicht, Bart und alles, und knutschen dann wieder wild.

Aber wir wollen beide mehr. Das Gute, wenn man einen leeren Truck hat, ist genau das: dass man einen leeren Truck hat. Das ist nicht oft der Fall, meistens lasse ich den beladenen Sattelauflieger beim Empfänger stehen und fahre ohne weiter, wenn es lange Strecken ohne Fracht gibt. Aber diesmal ist es anders, ich werde schon morgen wieder eine kleinere Ladung aufnehmen. Jetzt ist das Ding noch leer. Also erkläre ich Danylo, dass wir nach hinten gehen. Wir nehmen ein paar Bier mit, steigen aus, und er hilft mir, die Plane ein Stück loszumachen, damit wir reinschlüpfen können.

Drinnen mache ich nur eine kleine Funzel an. Es ist geil, nachts im leeren Laderaum zu sein. Wie in einer Höhle. Jeder Tritt auf den Boden hallt laut wider, überall noch ein bisschen Dreck von der Arbeit, es riecht nach der Gummiplane und nach Metall und Öl.

Ich gehe voran, weiter vor, bis ich in einer Ecke hinterm Führerhaus bin. Er ist dicht hinter mir, ich ziehe ihn ran. Mann, schmeckt der Kerl geil! Wir reiben unsere Beulen aneinander beim Knutschen, meine Hände fahren über seinen Rücken, an den Arsch, mhmm, fühlt sich gut an!

Er rutscht an mir runter, geht auf die Knie, macht meinen Gürtel auf und zieht mir die Hose runter. Vergräbt sofort sein Gesicht in meiner Unterhose. Der Geruch der eingetragenen Buchse scheint ihn anzumachen, er schnaubt hörbar hinein.

»Geil«, grummelt er und blickt zu mir hoch, so schön, so geil! Er lächelt glücklich, umgreift mich wie ein Geschenk, drückt seine hübsche Fresse wieder in den stinkenden Stoff. Zieht ihn langsam runter, riecht an meinem Schamhaarbusch, leckt den Schwanzansatz, der unterm Gummiband sichtbar wird. Dann zieht er die Hose weiter runter, bis ihm meine Latte vors Gesicht springt. Sofort schnappt er sich das Ding, schließt seine Lippen um die Kuppe, macht es genauso gut wie vorhin, Vorhaut, Eichel, Schaft, er verwöhnt jeden Millimeter, hält den Schwanz hoch und schleckt über die Eier, saugt daran, ahh!

Ohne von meinem Gehänge abzulassen, öffnet er seine Hose und fängt an, seinen Schwanz zu wichsen. Dann geht er an meinen, schiebt ihn sich ins Maul, drückt sich fest drauf, ich spüre, wie ich in die Gurgel einfahre, der Kerl würgt und lässt ab. Wichst mich und sieht mich dabei mit einem frechen Grinsen an.

»Geil«, kommt es wieder von ihm. Erneut nimmt er Anlauf, und diesmal helfe ich mit, packe ihn am Hinterkopf und drücke ihn auf meinen Schwanzbolzen. Es klappt, ich passiere den Widerstand in der Kehle und bin drin. Ahhh, geil! Ein paar Herzschläge lang verharren wir so, dann hat er erst mal genug. Ich gebe ihn frei, und er spuckt meinen Schwanz aus. Steht auf und küsst mich leidenschaftlich. Seine Lippen und seine Zunge sind der Wahnsinn, ich hätte beides am liebsten gleichzeitig hier oben und unten am Schwanz!

Er löst sich, und ich greife seine Latte. Guter Durchschnitt, lässt sich super wichsen. Auf den auffordernden Blick hin reagiere ich gern, bücke mich runter und nehme seinen Schwanz in den Mund. Der harte Prügel ist nass vom Vorsaft, den ich genüsslich aufschlürfe. Er lässt sich gut lutschen, saftet dabei wie eine Ölpumpe. Seine Eier sind rasiert und richtig dick, zwei geile, leckere Kugeln, an denen ich mit großer Lust sauge.

Ich ziehe den Sack nach unten, und er stöhnt wohlig auf. Das inspiriert mich, mir das lange Lederbändchen vom

Handgelenk zu wickeln, ich packe Schwanz und Sack an der Wurzel und schlinge ruck, zuck das Band darum, ein bisschen fester noch, dann zugeknotet, und schon kann ich mich aufrichten, die losen Enden fassen und ihn seine Kronjuwelen mit festem Zug spüren lassen. Er prüft mit einer Hand, was da unten los ist, knurrt verbissen, als ich fester ziehe. So was kennt er nicht. Sieht mich unsicher an, aber ich grinse nur, fixiere seinen Blick, bilde mir ein, plötzlich Glutfunken in seinen geilen Augen zu erkennen, glimmend, glitzernd. Verlieren könnte ich mich darin …

Er zieht sein Shirt aus, eine Wolke von warmem Männerschweißaroma breitet sich aus, steigt mir zu Kopf, der geile, haarige Kerl riecht genial. Wir küssen uns wieder, ich lasse das Band los, muss ihn anfassen, den erhitzten, kräftigen Leib umschlingen.

Mit geschickten Händen zieht er mir das Shirt über den Kopf und taucht in eine Achsel, saugt mit hörbarer Lust meinen Geruch ein, leckt mit der Zunge in die feuchte Höhle, nibbelt an meinen Brustwarzen, knabbert daran, ganz sachte. Die Behandlung gefällt mir, ich spüre den Reiz ins Rückenmark ausstrahlen, lasse eine Hand über seine Wirbelsäule gleiten, fahre ihm an den Arsch, an die Backen, knete sie leicht, bevor ich mich in die Ritze vorarbeite, an sein Loch. Mmhhm, mein Finger schlüpft mühelos rein, ist willkommen, wird von dem weichen, heißen Fleisch wunderbar empfangen, ein zweiter Finger, mhhm.

Der Kerl dreht sich etwas zur Seite, damit ich besser rankomme, bückt sich runter und nimmt meinen beinharten Knüppel in den Mund, saugt ihn genial ab, lässt mich tiefer rein, sein Loch aufspalten, ich helfe ihm wieder, drücke seinen Kopf fest an mich ran – und bin drin! Die Kehle umklammert fest den Schaft, massiert ihn bei jedem Stoß, es fühlt sich unglaublich an, obwohl oder gerade weil der Schwanzlutscher kämpft und würgt mit dem dicken Kolben im Hals.

Ich entlasse ihn irgendwann trotzdem und drehe seinen Hintern zu mir. Danylo sieht sich um und geht ein paar Schritte zu einer Stange an der Wand, hält sich daran fest und streckt mir den geilen Knackarsch hin, die Beine leicht gegrätscht.

Wie geil! Ich bin hin und weg von dem Anblick und dem Gedanken, dass dieser schöne Kerl sich von mir ficken lassen will. Die kugligen Arschbacken haben einen Flaum, die Schenkel fest und kräftig und wesentlich dichter behaart, animalisch geile Männerbeine. Mein Schwanz freut sich genauso und tropft bereits vor Freude. Ich verteile den schmierigen Saft auf der Eichel, stelle mich in Position und führe die sensible Kuppe ein paarmal durch die Ritze.

Dann drücke ich sie durch den Ringmuskel, es geht so leicht, dass ich sofort weiter eindringe, ein gutes Stück vom Schaft mit reinschiebe. Der Kerl stöhnt geil jetzt, bewegt seinen Hintern leicht vor und zurück, reibt seine juckige Arschfotze an meinem Fickriemen.

Ich halte mich zurück, fasse zwischen seine Beine und hole die Enden des Lederbändchens nach hinten, ziehe Sack und Schwanz stramm zurück, dann fasse ich wieder nach vorn und packe die Latte, die knallhart ist, so erregt ist die kleine Drecksau! Ohne den Zug zu verringern, richte ich mich auf, ziehe die Bänder links und rechts an meinem Ständer vorbei über das aufgebohrte Loch, sodass er es spürt, das Zugband, an seiner Rosette, genau da, wo sie vom dicken Schwanz aufgespießt wird. Bei jedem Stoß reibt das weiche Leder an seiner Arschfotze und an meinem Schwanz, der Reiz kitzelt die feinsten Nervenenden der sensiblen Eichelhaut beim Reinschieben, reibt am Schaft entlang. Wenn ich wieder eindringe, ziehe ich kurz an, mehr Spannung, der Bursche stöhnt, oder nein, ein tiefes Brummen eher. Schnellere Stöße jetzt ja – ja – ja!

Er zieht seinen Arsch ab, dreht sich um, geht in die Knie und nimmt meinen Fickschwanz ins Maul, lässt sich tief in die Kehle rammeln, um gleich darauf wieder aufzustehen, sich umzudrehen und meine Saftlatte erneut in sein hungriges Loch zu schieben. Ich steche zu und bürste den geilen Kerl durch, hart und kraftvoll, tief rein in die schmatzende Arschfotze, bis er erneut einen Lochwechsel startet.

Ohne Würgreflex lässt sich die aufgefickte Kehle jetzt genial durchorgeln, begleitet von Gurgeln und Glucksen, dann ist wieder der Arsch dran. Der ständige Reizwechsel erregt uns beide aufs Äußerste, ist ein Tanz auf dem Vulkan, denn jeden Moment kann ich abspritzen. Dabei verlangt die Nummer einiges an Konzentration – obwohl ich selbst kaum was machen muss, außer stehen zu bleiben.

So geschickt vollzieht der Kerl den Wechsel, wieder und wieder, dass die unterschiedlichen Gefühle verschmelzen. Arsch, Maul, jede Öffnung bietet einen eigenen Reiz für meinen angespannten Schwanz, die Momente, in denen er ohne außerhalb des Körpers dieses geilen, ukrainischen Wonneproppens bleibt, nehme ich kaum noch wahr. Es kommt mir vor, als würde ich unablässig ein einziges paradiesisch weiches Loch vögeln. Wie in Trance ficke ich weiter, beobachte in einem Nebel von Geilheit die geschmeidige Gestalt des Mannes, wie er aufsteht, sich dreht, wieder auf die Knie geht, sich dreht, ein Tänzer, der seinen ganzen Körper einsetzt, um mir Lust zu verschaffen und sich selbst zu holen, was er braucht.

Mein Orgasmus kommt als quälend langsamer, fast schmerzhafter Erguss, ich weiß nicht, ob zuerst im Mund oder im Arsch, sehe meine tropfende Latte in dem kurzen Moment, bevor sie wieder in einem Loch verschwindet, immer noch am Absaften, schon geht es weiter. Kein Druckausgleich durch heftiges Abspritzen, stattdessen drängt sich nach und nach mein Sperma durch die Kanäle und läuft und läuft und läuft, so was hab ich noch nie erlebt! Erst nach mehrmaligem Wechsel scheint alles raus zu sein, doch der Druck in den Eiern ist nach wie vor da, mein Ständer bleibt einfach stehen.

Trotzdem ist die rasende Geilheit weg, die Leidenschaft abgekühlt. Ich merke, dass ich schwitze wie ein Schwein, reibe mir den Schweiß vom Gesicht, registriere, wie Danylo auf meinen Schwanz wichst, dicke, weiße Samensoße, dann seinen Arsch auf den vollgespritzten Hammer schiebt und ihn genussvoll massiert. Mann, ist das eine geile Drecksau!

Aber auch er ist jetzt am Ende seiner Kräfte, rutscht von meiner Stange und setzt sich im Schneidersitz auf den Boden, schnaufend, keuchend und nass von Schweiß, Spucke und Sperma. Es riecht wie in einer Räuberhöhle hier drin, wir brauchen dringend frische Luft. Und eine Pause.

Wir beschlossen zu duschen, dazu mussten wir uns nur den Schlüssel im Tankstellenladen holen. Danylo kannte den Typ hinterm Tresen sogar, jedenfalls redete er kurz mit ihm, beide lachten, dann gingen wir raus. Es war nicht viel los, darum nahmen wir einfach zusammen eine Kabine. Wir seiften uns ein, rieben unsere glitschigen nackten Leiber aneinander, knutschten unterm Duschstrahl, und ich konnte es nicht lassen und fingerte dem sexy Bastard das saftgefüllte Loch. Worauf er sich umdrehte und mir seinen geilen Knackarsch präsentierte. Mein Schwanz war sowieso kaum schlapp geworden, ich hatte in der Tanke Mühe gehabt, die Ausbuchtung in der Hose zu verbergen. Jetzt war er steif und mehr als einsatzbereit, darum zögerte ich nicht. Ich schnappte mir den Burschen und fickte ihn in der Duschkabine, bis ich abspritzte. Und diesmal pumpte ich ihn mit ordentlich Druck voll und war damit erlöst. Jedenfalls vorerst.

## MÜNCHEN, TAG 1:

# Saftiger Nachschlag mit Katastrophe zum Dessert

Auf Danylos Vorschlag hin setzten wir uns in die Gaststätte, wo es einen Truckerstammtisch gab. Gut eine Stunde quatschten wir mit Kollegen, über Probleme oder Verkehrskontrollen, für eine Weile kamen auch zwei Polizisten dazu, und wir tauschten Informationen aus. Das war oft so und ein Gewinn für beide Seiten, denn die Polizisten erfuhren, was gerade so lief auf den Straßen, und wir Trucker erhielten Hinweise, wo es Baustellen oder andere Hindernisse gab. Auch über Banden und ihre Tricks, besonders die gefürchteten »Planenschlitzer«, redeten wir mit den Polizisten. Danylo und ich waren in diesem Moment ganz normale Berufsfahrer im Gespräch mit Kollegen.

Aber irgendwann trafen sich unsere Blicke häufiger. Selbst, wenn ich mit einem anderen sprach, ertappte ich mich dabei, dass ich zu Danylo hinüberstarrte. Auf seine Hand, die das Speziglas umfasste. Auf den frischen Schweißfleck unter seiner Achsel. Und wenn er den Blick erwiderte, sah ich nur noch seine Augen. Ein toller Kerl! Als ich dann auch noch ständig Bilder vor mir sah, wie er nackt vor mir stand, den sexy Hintern rausgestreckt, war es

Zeit, das Stammtischgespräch zu beenden. Danylo war wohl derselben Meinung, kippte sein Glas runter, und wir zahlten und verabschiedeten uns. Zu meiner Belustigung bemerkte ich, dass sich in Danylos Hose eine deutliche Ausbuchtung zeigte.

»Mann, bin ich froh, da raus zu sein«, meinte er, als wir auf dem Parkplatz waren.

»Ach ja? Warum?«, fragte ich unschuldig, aber nur, weil ich ihn aufziehen wollte.

Er sah mich im Flirtmodus an, grinste dabei frech. »Weil du so ein geiler Typ bist und ich endlich wieder mit dir allein sein will.«

Obwohl ich so was in der Art erwartet und erhofft hatte, war ich doch ganz schön baff, mit welcher Schlichtheit und Geradlinigkeit er das formuliert hatte.

»Dann komm«, sagte ich nur, schlang einen Arm um ihn, und wir gingen zusammen zurück zu meinem Truck. Ich genoss das Glücksgefühl und freute mich, noch mehr Zeit mit dem Kerl zu verbringen.

Diesmal wollen wir es langsamer angehen. Nicht romantisch wie zwei Verliebte, aber immerhin kennen wir uns nun schon und wissen nach dem ersten Feuerwerk von vorhin, dass der Sex miteinander unkompliziert ist und Spaß macht. Wir sind entspannter. Also nehme ich eine Decke mit nach hinten. Eigentlich will ich mich gleich drauflegen, einfach so, aber Danylo zieht sich plötzlich aus. Okay, nichts dagegen.

Es fällt mir schwer, mich auf meine Klamotten zu konzentrieren – beim Ausziehen der Stiefel falle ich beinah um –, denn ich bin einfach fasziniert von dem Mann, der es sich hier auf der Decke mit mir bequem machen will. Ich beobachte seine Bewegungen, seinen Körper, während er sich Stück für Stück seiner Kleidung entledigt. Dann steht er nackt vor mir, wundert sich, dass ich noch nicht besonders weit gekommen bin, kratzt sich kurz am Oberschenkel und grinst mich an. Gott, ist der schön! Die behaarte Brust, die Arme, nicht übertrieben muskelbepackt, sondern auf entspannte Art männlich irgendwie. Auf dem Bauch – auch der ohne Sixpack und trotzdem sexy! – erkenne ich eine dünne Haarlinie bis zum Bauchnabel. Das Beste aber sind seine Beine. Richtige Fußballerbeine, fest und kräftig und geil behaart. Da steh ich drauf.

Weil ich nebenbei immer noch mit Ausziehen beschäftigt bin, legt sich der nackte Danylo schon mal hin, seitlich, und beobachtet mich schmunzelnd, den Kopf auf dem angewinkelten Arm abgestützt. Ein Bild von einem Mann, ich glühe vor Vorfreude, bei ihm zu liegen. Bin endlich fertig, lege mich zu ihm, auf ihn, küsse ihn. Er seufzt.

»Bin ich zu schwer?«, frage ich leise.

Er schüttelt den Kopf, sieht mir in die Augen.

»Es ist schön, einen Mann auf mir zu spüren. Hab ich nicht so oft. Schwer, aber schön.« Wieder bin ich überrascht über die einfachen, genau richtigen Worte, in den russischen Akzent bin ich schon längst vernarrt. Ich küsse ihn, streiche liebevoll über seinen Kopf, spüre seinen Schwanz neben meinem anschwellen, pochen, zucken, reibe mich eine ganze Weile an ihm, schiebe mich dann hoch, knie mich über ihn, den Oberkörper aufgerichtet, mein Schwanz und die Eier vor seinem Gesicht.

Er lacht verschmitzt, greift meine Latte und wichst sie ein bisschen. Kommt mit dem Kopf hoch und spielt mit seiner Zunge an der Eichel, am Bändchen darunter, wieder an der Eichel, den Schaft hinunter, leckt über die Eier. Ich bin mehr als bereit für seinen weichen Mund, mein Ständer freut sich schon darauf, saftet geil, doch der Kerl hat andere Pläne. Er rutscht weiter unter meine Beinschere und schnaubt und leckt die Stelle zwischen Sack und Arschloch, rutscht weiter und versucht, zwischen meine Arschbacken zu gelangen. Ich komme ihm entgegen, gehe tiefer und setze mich fast mit dem Arsch auf sein Gesicht, lasse Mund und Zunge gerade genug Raum für die geile Aktion, lass mir Ritze und Loch lecken, abschlabbern, die Lippen, die Zunge, er darf machen, was er will, die geile Drecksau.

Ich greife hinter mich und kriege seinen Schwanz zu fassen. Er ist stahlhart, so scharf macht den Burschen die Sauerei, und er kriegt gar nicht genug von meinem Männerarsch, schleckt und saugt am empfindlichen Loch, dass ich stöhne und brumme vor Wollust. Ich reibe meinen Arsch über die geile Bartfresse und mache den Ukrainer richtig wild damit, er grunz und stöhnt vor Erregung, windet sich hin und her.

Als ich genug von der scharfen Lecknummer habe, schiebe ich meine Latte über Danylos Maul und stütze mich mit den Händen ab, beuge dann die Arme und vollführe eine Art Liegestütz, mein Ständer berührt seine Lippen. Bereitwillig öffnet er den Mund und lässt mich eintauchen, saugt im richtigen Rhythmus zu meinen Tauchgängen, bis der Kolben richtig tief in die Kehle fährt, wieder und wieder. Sein Mund und mein Schwanz sind so ziemlich die einzigen Körperstellen, die dabei Kontakt haben, und das macht das Ganze so prickelnd.

Trotzdem ändere ich meine Position, hocke mich über seine Brust, seine Schultern zwischen meinen Schenkeln, packe seinen Hinterkopf und verpasse ihm einen harten Kehlenfick. Danylo gurgelt und röchelt, macht aber keine Anstalten, sich zu wehren. Minutenlang erträgt er den rammelnden Pflock, Tränen rinnen aus seinen Augen vor Anstrengung, und sein Gesicht wird rot und röter. Schließlich lasse ich ab, doch nur, um ihm eine Atempause zu gönnen.

Ich setze mich in den Schneidersitz und drehe Danylo um, auf den Bauch, Kopf im meinem Schoß, an meinem harten Ständer, damit er seine heiße Maulfotze nun in dieser Lage zum Einsatz bringen kann. Und er legt sofort los, rammt sich mein Ding wieder in die Kehle, auf und ab in wechselndem Takt, windet dabei den Kopf und verschafft mir brennende Lust. Er geht auf alle viere, bläst noch eine Weile mit Genuss, steht dann auf und stellt sich vor mich. Seine sexy Latte steht im steilen Winkel vor meiner Fresse, die Eier prall gefüllt im Sack, ich greife zu, kraule sie. Der Lümmel dreht die Hüften und streift dabei mit der Schwanzspitze über mein Gesicht, von links über die Mitte nach rechts und zurück. Und wieder. Ich muss lachen und sehe ihn an, wie frech, wie frech! Er grinst so verdammt dreist zu mir runter, mit einem so geilen Funkeln in den Augen, dass ich hin und weg bin.

Ich gebe ihm einen Klaps auf den Hintern, mehr, um selbst wieder klar zu werden, aber schon zwängt sich die glitschig nasse Eichelspitze zwischen meine Lippen. Ich öffne den Mund, und der leckere Schwanz schiebt sich rein, schmeckt genial, ich schlürfe erst mal alles ab, sauge dann an dem Saftspender, nehme ihn ganz rein, spüre ihn meinen Schlund aufbohren, tiefer, bis ich mit der Nase im Schamhaarbusch des Kerls bin. Die haarigen Beine streichle ich pausenlos, während mir die Kehle gestopft wird, ich ihn abschlucke, den harten Schwanz, obwohl die Schluckbewegungen mir beinah Qualen bereiten, aber ich lasse ihn drin, schlucke weiter. Die Massage kitzelt mehr Vorsaft aus dem Ständer, ich glaube, das geile Zeug zu schmecken, und gleichzeitig habe ich das Gefühl, dass meine Kehle gängiger wird, eingeschmiert von dem natürlichen Gleitmittel. Als er anfängt, in mein Maul zu stoßen, fasse ich an seine drallen Backen, spüre die Kraft darin, wie die Muskeln spielen, wie warm die Haut ist. Schneller geht es jetzt, die Stöße sind härter, ich presse meine Lippen fest um den Schaft, mein Kopf wird auf den Schwanzbolzen gedrückt, ich kann gar nicht anders, halte einfach hin, höre wie aus weiter Ferne den Ficker stöhnen – und plötzlich schmecke ich Sperma, muss mich beeilen, alles zu schlucken, und es kommt mehr – und mehr – es schmeckt so verdammt geil!

Danylo stöhnt erlöst auf und ergießt sich vollständig in meinen Rachen, eine erstaunliche Ladung so kurz nach unserer Nummer von vorhin. Noch immer hänge ich an seinem spritzenden Schwanz, ringe damit, Luft zu holen und gleichzeitig keinen Tropfen von dem kostbaren Zeug zu verschwenden, und endlich sind die Eier leer, und der Schwanz rutscht aus meinem Maul. Genießerisch lecke ich mir über die Lippen und grinse den Spritzer an, der fröhlich zurücklacht.

»Damit hab ich nicht so schnell gerechnet, du kleines Ferkel«, meine ich, jedoch ohne jedes Bedauern. Ich hab keinen Anlass anzunehmen, dass wir hier schon fertig sind. Denn sein Schwanz ist nur wenig schlaffer geworden, ist noch halbsteif und sicher wieder einsatzbereit, wenn man ihn ein bisschen aufmuntert. Und dann gibt es ja noch seinen Arsch, diesen genialen, wunderbaren Arsch!

Ich ziehe Danylo noch mal ran, nehme den Schwengel ins Maul, um ihn komplett sauber zu lutschen, doch eigentlich ist das nur der Vorwand, um dem geilen Kerl einen eingespeichelten Finger ins Loch zu schieben. Er seufzt wohlig auf, hat nichts dagegen, als ich einen zweiten Finger einführe, schiebt seinen Hintern sogar bereitwillig drauf, beugt die Knie, sodass ich noch besser rankomme. Im nächsten Moment senkt er seinen Arsch ab, greift sich meinen Ständer und – schwupps! – schiebt seine geile Kiste einfach drauf. Mühelos schlüpfe ich rein. Ah, ist das eine Wohltat! Mein Schwanz würde jubeln, wenn er könnte!

Danylo umfasst meinen Hals und macht es sich bequem auf meinem besten Stück, hebt und senkt seinen Hintern und melkt den harten, dicken Schwanz mit seiner talentierten Arschfotze ab. In dieser Position können wir uns auch küssen, ein deutliches Plus! Wir fangen verspielt an, lassen unsere Zunge kreisen, lecken uns über Lippen und Gesicht, saugen an unseren Mündern, werden erregter, leidenschaftlicher, die Küsse feuchter, versauter, mein Blut fängt an zu kochen.

Ich kippe den Kerl einfach nach hinten, ohne aus ihm rauszurutschen, und er liegt mit angewinkelten Beinen auf dem Rücken und lässt sich genial ficken. Wir knutschen wieder, aber dann will ich nur noch zustoßen, richtig in ihn reinhämmern!

Ich richte mich auf, fasse seine Fersen, ziehe die Beine auseinander und ramme mich hart und schnell in die glühende Lustmuffe. Sie ist bestens fickbar, denn noch immer ist meine Ladung von der Nummer unter der Dusche im Kanal, quillt bei dem harten Ritt langsam raus, liefert ein geniales Gleitmittel, schäumt richtig auf, schmiert meinen knallharten, dicken Kolben. Ich kann mich nicht sattsehen an dem geilen Schauspiel. Bis ich ein bisschen aus der Puste komme, meine Stöße verlangsame, meine Augen wieder seinen Blick suchen, darin versinken, Mann!

Ohne berührt zu werden, ist Danylos Lümmel wieder steifer geworden, spuckt Vorsaft auf den Bauch, und als der Kerl meinen Blick fixiert, sieht er dabei wild und sexy aus, völlig selbstvergessen vor Lust. Er geht mir plötzlich an die Brustwarzen, und ich halte inne, bleibe drin im nassen, geilen Fickloch, spanne meine Beckenmuskeln an, pumpe meinen Schwanz noch mehr auf, um unsere Verbindung mit jedem Zucken so intensiv wie nur irgend möglich zu spüren. Davon abgesehen, wäre ich sonst auch jeden Moment gekommen …

Vorsichtshalber ziehe ich den Schwanz raus aus der Wonnefotze und manövriere Danylo in die Hundestellung. Das verschafft mir eine kurze Verschnaufpause und meiner Geilheit den notwendigen Dämpfer. Als er dann vor mir kniet, Hintern hochgereckt, den Oberkörper entspannt auf der Decke abgelegt, den Kopf mit geschlossenen Augen zur Seite, fange ich noch mal ganz langsam an.

Erst schlabbere ich durch die spermanasse Ritze, schmecke meinen eigenen Samen und fingere das Loch intensiv ab. Danylo stöhnt wollüstig auf, auch als ich vier Finger einführe. Ich hoffe schon, ihn fisten zu können, aber beim vorsichtigen Versuch sperrt er sich doch. Also springt mein Schwanz in die Bresche. Ohne weitere Spielereien schiebe ich ihn rein, packe den Kerl bei den Hüften und beginne mit langen, konzentrierten Stößen. Dabei beobachte ich jede Regung im Gesicht meines Fickpartners, jede Anspannung, jedes Lächeln. Ich kann die Seligkeit sehen, während er mit geschlossenen Augen meine Schwanzstöße genießt. Er gibt sich völlig hin, empfängt jedes Mal wieder lustvoll meinen Hammer, sein höllenheißer Arsch kommt mir entgegen, weich, geschmeidig, saugend, schenkt meinem beinharten Prügel himmlische Lust.

Das ein oder andere Mal ziehe ich den Schwanz komplett raus, um das Eindringen umso intensiver zu empfinden, besonders wenn der Kerl die Rosette anspannt und sich meine blanke Eichel durch den Muskelring zwängen muss, um gleich darauf im saftig-weichen Fotzenfleisch zu versinken, ahhh!!

Wieder und wieder suche und finde ich diesen geilen Moment, ändere dann doch das Tempo, schicke ein paar schnelle Stöße rein, bleibe länger drin im Wonnegefühl, tiefer, steche nach, steche tiefer, so tief es geht, spüre ganz vorne, an der Schwanzspitze, das zarte Fleisch vibrieren. Ich will vergehen, überfließen, es fühlt sich zu gut an …

Danylo ist scheinbar auf dem gleichen Trip, stöhnt und seufzt, zieht sich mit beiden Händen die Backen auseinander, um mich noch weiter reinzulassen, noch tiefer, schmiegt seinen butterweichen Fickkanal um meinen Schwanz, liebkost ihn, tastet ihn ab, ich muss mich bewegen, sonst spritze ich ab! Wieder lange Stöße jetzt, ich schaukle gefährlich schnell in Richtung Höhepunkt.

Da steigt Danylo ab, ganz langsam, ohne Hast, aber nur um sich umzudrehen und meinen Schwanz ins Maul zu nehmen. Er schnaubt kurz.

»Immer noch genug von deinem Sperma da«, meint er begeistert und schmatzt hörbar, bevor er sich wieder über meinen Steifen hermacht, auch meine Eier leckt und saugt, in genau dem richtigen Maß, um meine Erregungskurve ein kleines Stück abflachen zu lassen, doch nicht zu sehr.

Noch immer bin ich dem Höhepunkt äußerst nah, als er sich plötzlich umdreht und seinen Hintern auf den pochenden Schwanz schiebt, ihn reitet, in gleichmäßigem, langsamem Takt rein- und rausfahren lässt, nie ganz raus, immer nur fast, um ihn sogleich wieder in seine heiße, nasse Arschfotze aufzunehmen. Der Kerl hat sich vorne bequem abgestützt, das entspannte Gesicht mit den geschlossenen Augen seitwärts gewandt, während er konzentriert, beinah mechanisch wie bei einer Fitnessübung, seinen sexy Arsch vor- und zurückbewegt. Dabei stöhnt er im selben Rhythmus leise und wohlig. Ich lass mich mitreißen von seiner Trance, nehme seinen Rhythmus auf und registriere, dass ich auf einem gleichbleibenden Lustlevel bin, ganz oben, nah am Kommen, aber nicht am Überkochen. Es ist genial!

Irgendwann will er es doch wissen, der geile Stutenkerl, wird schneller, leidenschaftlicher, lauter. Ich packe ihn an den Hüften und übernehme die Führung, bocke ihn hart und fest durch, BÄNG!BÄNG!BÄNG!, ändere das Tempo, wie es mir passt, ändere den Einstiegswinkel – BÄNG! –, ficke den saftigen Arsch von schräg unten und von schräg oben – BÄNG! BÄNG! –, will mich nicht mehr beherrschen, gepeitscht von tierischer Geilheit, hab schon das Ziel vor der Flinte, schiess ab – ahhh!

Und genau da ging mein Handy los.

Es lag in Reichweite auf meinen Hosen, aber das war mir scheißegal. Selbst aus der Entfernung konnte ich Harrys Fresse auf dem Display erkennen, und er probierte es wieder und wieder. Auch Textnachrichten kamen rein, wahrscheinlich auch von ihm … So kannte ich ihn nicht, da musste was passiert sein!

Ich gab Danylo einen Klaps auf den Hintern und stieg ab.

»Sorry, Süßer, da muss ich mal ran.«

Mit einem enttäuschten Aufstöhnen schmiss sich Danylo auf den Rücken. Ich nahm den Anruf entgegen.

»Verdammte Scheiße, na endlich!«, schrie mir Harry zur Begrüßung ins Ohr. »Die haben meine Ladung geklaut!«, erzählte er ohne Umschweife. Er war völlig von der Rolle, fluchte in einem fort.

»Nun mal langsam, Alter.« Ich versuchte, Ruhe zu bewahren. »Mal ganz von vorn. Hast du schon die Polizei informiert?«

»Na, was glaubst du denn, du Vollpfosten«, pflaumte mich Harry an, immer noch viel zu laut.

»Schrei nicht so«, bremste ich ihn. »Erzähl mir lieber mal, was passiert ist.«

Es stellte sich heraus, dass er auf einen alten Trick hereingefallen war. Gerade als er aufs Werksgelände gefahren war, um seine Ladung loszuwerden, wurde er von zwei Männern in Arbeitskleidung des Unternehmens – eines Herstellers von Schienenfahrzeugen – abgefangen. Sie baten ihn, sich auszuweisen, dann telefonierten sie kurz und erklärten ihm, die Ladung könne hier nicht angenommen werden, sie sollte stattdessen zu einem Werksgebäude außerhalb des Geländes gefahren und dort abgeladen werden.

»Da waren sogar überall Schilder mit dem Logo von dem Unternehmen«, stöhnte Harry. »Diese Schweine! Das war alles von langer Hand vorbereitet. Das sind Profis.«

Harry war längst auf der Weiterfahrt, als der Anruf vom eigentlichen Auftraggeber kam, der wissen wollte, wo die Ladung bliebe. Dann ging alles recht schnell, aber trotzdem waren die Diebe schon spurlos verschwunden, bis die Polizei eintraf. Harry erzählte mir noch mehr Details und hoffte inständig, die Ladung wieder in die Finger zu bekommen. Den Ärger, wenn sein Arbeitgeber den Schaden würde ersetzen müssen, wollte er sich gar nicht ausmalen. Sein eigenes Geld war dann futsch. Und es konnte ihn den Job kosten, denn er hatte es den Tätern viel zu leicht gemacht. Er hätte sich pflichtgemäß durch eine Bestätigung seines Chefs oder des Empfängers, der auf den Papieren namentlich genannt sein sollte, rückversichern müssen. Jeder Anfänger wusste das. Zu viele organisierte Banden hatten sich schon dieses oder ähnlicher Tricks bedient.

»Du musst mir helfen«, jammerte Harry.

»Bist du verrückt?« Was verdammt sollte ich denn da machen? »Die Polizei kümmert sich doch drum, die werden die Kerle bestimmt finden.« Aber meine Beschwichtigung blieb ohne Erfolg.

»Ach, du weißt doch, wie das läuft. Bis die sich organisiert haben, sind die Typen mitsamt der Ladung über alle Berge. Wir müssen uns was einfallen lassen!«

»Wir?« Ich schnappte nach Luft. »Du meinst, wir beide?!«

Wie sich herausstellte, hatte Harry schon einen Plan. Na ja, so eine Art Plan jedenfalls. Er hatte gehört, dass die Diebe Russisch miteinander gesprochen hatten. Das war nicht ungewöhnlich für Werksarbeiter, aber jetzt, wo er wusste, dass sie alles andere als das waren, war es zugleich eine Spur. Außerdem kannte er den Fahrzeugtyp, in den die Ladung verfrachtet worden war: ein MAN TGX 18.480. Das Kennzeichen hatte er sich blöderweise nicht gemerkt. Trotzdem. Wenn man einen Rundruf an die Truckergemeinde aussendete, via Chat, per Funk, auf allen denkbaren Kanälen, würde sich vielleicht einer melden, der die Kerle gesehen hatte. Mit etwas Glück könnte man sie finden.

»Toller Plan«, meinte ich, eher wenig begeistert.

»Aber eine Chance«, gab Harry trotzig zurück. »Also schwing deinen Arsch ans Gerät und hau was raus. Ich hab's auch schon gemacht. Wenn sich der Hilferuf und die Infos verbreiten, können wir die Schweine kriegen.« Damit legte er auf.

## MÜNCHEN, TAG 2:

# Abgewichste Gaunerbande

Ich war natürlich ganz schön verwirrt. Betroffen. Ratlos. Aber vor allem: verwirrt. Kein Gedanke mehr daran, mich dem wunderschönen und geilen Danylo wieder mit voller Aufmerksamkeit zu widmen. Auch wenn er noch so einladend und verführerisch bereitlag.

»Was ist los?«, fragte er und konnte meinem Gesichtsausdruck wohl entnehmen, dass das Telefonat mir Sorgen machte. Ich erzählte ihm alles. Danylo hörte mir aufmerksam zu und war entsetzt über das Pech meines Freundes. Die Folgen, die das für Harry haben konnte, waren auch ihm klar.

»Ich muss mal nach vorne«, erklärte ich und zog mich an.

Danylo blieb schweigend sitzen, nachdenklich. »Hat er einen Namen mitgekriegt?«, fragte er dann.

Ich verstand nicht, blickte ihn nur verwundert an.

»Na, einen Namen. Von den Kerlen«, wiederholte er.

»Ich glaub nicht«, meinte ich, denn Harry hatte nichts erwähnt.

»Ruf ihn noch mal an. Frag ihn, ob er sich an einen Namen erinnern kann.«

»Warum?« Ich war nicht gerade erpicht darauf, den überdrehten Harry wieder an der Strippe zu haben.

»Mach's einfach«, sagte Danylo nur.

Es war alles andere als einfach, von Harry eine Antwort zu bekommen. Noch immer war er voll gestresst, wollte wissen, ob ich bereits einen Hilferuf abgesetzt hatte, ob schon was passiert war.

»Harry«, versuchte ich eindringlich, ihn wieder zu beruhigen, »es ist grad mal 'ne Viertelstunde her, seit wir telefoniert haben. Was ist jetzt? Hast du was verstehen können? Einen Namen? Irgendwas?«

»Ich kann kein Russisch!«, brüllte Harry.

»Denk nach!«, bellte ich in derselben Lautstärke zurück.

Ich konnte seine Verzweiflung spüren, glaubte gar, ihn schluchzen zu hören. Der arme Kerl!

Schweigen, nur schweres Atmen für ein paar Minuten.

Dann: »Ich bin mir ziemlich sicher, dass sie den einen Sascha nannten. Ja, Sascha!« Harry wurde ganz aufgeregt. »Warum, hast du eine Spur?«

»Sascha«, wiederholte ich laut für Danylo.

Der schüttelte den Kopf. »Ein Viertel aller russischen Männer heißt so. Frag ihn, ob er noch einen anderen mit gekriegt hat.«

»Und weiter? Wer noch?«, bohrte ich nach.

Harry fluchte nur, war viel zu erregt, um sich zu konzentrieren. Ich sah ein, dass es keinen Sinn machte, ihn noch mehr zu quälen.

»Okay. Aber wenn dir noch was einfällt, melde dich. Ich geh gleich online und hör mich mal um.«

Es half mir sehr, dass Danylo so ruhig blieb. Klar, er war

selbst Trucker, hatte mindestens von solchen Trickdieben gehört, wenn er nicht sogar selbst schon Ähnliches erlebt hatte …

»Ist dir auch schon mal so was passiert?«, fragte ich, während ich vorne im Cockpit neben ihm saß und die Chatforen der LKW-Fahrer abklapperte, um den vorformulierten Hilferuf einzustellen. Tatort, Uhrzeit, Beschreibung der Ladung, Bauart des Trucks, Anzahl der Diebe, Vorgehensweise, alles, was helfen konnte, war dabei.

Danylo schüttelte den Kopf auf meine Frage hin. Blieb stumm.

Ich sah prüfend zu ihm rüber, konzentrierte mich dann gleich wieder auf meine Aufgabe. »Nur weil du vorhin nach dem Namen gefragt hast. Als ob du so eine Ahnung hättest.«

»War nur so eine Idee«, wiegelte er ab.

Er kommt näher und knabbert an meinem Ohr, haucht hinein, lässt seine Zungenspitze kreisen, warm, nass, erregend. Eine Hand legt sich schwer auf meinen Schenkel, wandert nach oben in Richtung Schritt.

»Schade, dass uns diese Scheiße vorhin unterbrochen hat«, raunt er.

Seine tiefe Stimme kitzelt mich, rauscht in mein Nervensystem, ich spüre, wie sich meine Armhärchen aufrichten. Die Stimme, der ganze Kerl geht mir sprichwörtlich unter die Haut!

»Ich bin noch nicht gekommen, hab noch richtig volle Eier.«

Wieder diese dunkle Stimme, mhmm. Kurzes Gedankengefecht in meinem Kopf. Eigentlich bin ich sowieso vorerst hier fertig, kann nicht mehr tun als das. Also drehe ich mich um, nehme den Mann in den Arm und küsse ihn. Und wie der sich küssen lässt, warm und wunderbar, und wie er schmeckt, ich würde ihn am liebsten auffressen.

Er löst sich, rückt ein bisschen von mir ab und lehnt sich zurück, fummelt seine geile Latte aus der Hose und grinst mich frech an. Ich zwänge mich unterm Lenkrad vorbei und gehe ran. Der harte Schwanz lässt sich hervorragend lutschen, saftet ohne Unterlass und flutscht mir geschmeidig in die Kehle. Auch die dicken rasierten Eier unterziehe ich einer ausgiebigen Behandlung, schlecke und sauge daran, umfasse Schwanz und Sack an der Wurzel mit den Fingern, genieße es, wie der Bursche dabei stöhnt und zappelt, hab schon wieder den Ständer im Maul, saug schneller jetzt, mit härterem Lippendruck.

»Ich will bei dir«, ächzt Danylo erregt, schiebt meinen Kopf weg und beugt sich nun seinerseits zu mir.

Ich beeile mich, meinen Steifen aus der Hose zu kriegen, Wahnsinn – der warme Lutschmund tut mir gut, tut mir sehr gut! Der geile Kerl leckt rundherum um meine Eichel, bevor er an der Schwanzkuppe saugt. Ich fühle die geschmeidige Zunge an der empfindlichen Eichelhaut, am Bändchen, unter dem prallen Rand meiner Eichel, sie scheint überall zu sein, kitzelt mich, reizt mich, dann – gerade als mich der Reiz fast zu nervös macht – schiebt er seinen warmen Mund über den Schaft, rauf und runter, mit Druck, eine Erlösung, einfach nur geil! Genau das will mein Schwanz jetzt, diese saugenden Lippen, das Gefühl, wenn er die enge Stelle in der Gurgel passiert, in die Kehle fährt, wieder und wieder, sie fickt, oh ja! Rein, rein, rein!

Die Sau dreht und windet den Kopf beim Schwanzlutschen, kriegt nicht genug von dem dicken, langen Fickkolben, rammt sich das Teil rein, als ob es kein Morgen gäbe. Grunzt und keucht dabei, wichst den eigenen Schwanz wie ein Wilder.

Das mit anzusehen macht mich tierisch geil, ich überlege, ob ich ihn noch mal ficken soll. Aber es fühlt sich gerade viel zu gut an, ich überlasse mich einfach dem genialen Schwanzlutscher, diesem heißen, weichen Mund, dieser geilen Maulfotze. Der Kerl schlabbert wie ein Tier, jede Menge Spucke läuft ihm aus der Fresse, über meinen Schwanz, auf meine Hosen, er lässt ab von meinem Ständer, leckt seine eigene Spucke von meinen Schamhaaren, von der Hose, zieht meine Eier raus, saugt erst am einen, dann am anderen. Biegt meine Latte zurück, sodass ich genau zusehen kann, wie er meine haarigen Klöten verwöhnt, sie leckt, mit seiner rosigen langen und beweglichen Zunge, er bietet mir eine richtige Show, sieht mich an dabei, grinst sogar, die Drecksau!

Ich drehe fast durch vor Geilheit, hab genug von der Spielerei und packe seinen Kopf, stülpe ihn über den pochenden Prügel, ich will seine Fresse durchpflügen! Mühelos lässt sich der Kerl führen, ich steuere Tempo und Winkel, das Fickmaul fühlt sich einfach nur saugeil an, mit aller Kraft reiße ich den Kopf hoch und wieder runter, ficke hart und fest und tief in die Kehle, will kommen, will abspritzen, noch schneller, ahhh!!

Ich halte ganz still, den spritzenden Schwanz bis zum

Anschlag in der Maulfotze, bin ziemlich schnell fertig, ausgelutscht. Kriege mit, wie Danylos Keuchen schneller wird, sich steigert, bis er stöhnend zum Orgasmus kommt, sich dabei schüttelt, drei-, viermal, bevor er sich von meinem Schwengel löst, seine Atmung sich wieder beruhigt. Dann sackt sein Kopf schwer in meinen Schoß, und er lacht leise und heiser, und auch mich überkommt es. Einfach so, ein glückliches Lachen, meine Hand auf seinem Schopf, unsere Schwänze tiefenentspannt, das Blut kocht langsam runter. Mann, geht's mir gut!

Ich checkte die Resonanz auf den Hilferuf. Es waren zahlreiche Mitleidsbekundungen von Kollegen reingekommen, aber davon konnten wir uns nichts kaufen.

Einer wollte den beschriebenen MAN TGX in der Nähe von Brüssel gesehen haben, ein anderer auf seiner Tour nach München, ein dritter kurz vor Wien. Daraus war kein rechter Schluss zu ziehen, also hieß es weiterhin warten.

Danylo erklärte, dass er am nächsten Morgen weiterfahren müsse, und auch ich sollte mittags bei meiner nächsten Station sein, darum beschlossen wir, uns aufs Ohr zu hauen. Es gab nicht gerade viel Platz auf meiner Pritsche hinterm Cockpit, aber das störte uns nicht. Wir hatten beide keine Lust, auf Abstand zu gehen, fühlten uns wohl miteinander und kuschelten uns zusammen, Löffelchenstellung inklusive. Gar nicht schlecht, so einen Kerl bei sich zu haben beim Einschlafen, stellte ich fest. Das hatte ich nicht gerade oft.

Gegen acht Uhr morgens wachten wir auf, ohne Eile. Danylo ging schon mal duschen, wir verabredeten uns zum

Frühstück in der Gaststätte. Ich telefonierte mit meinem Onkel, um die nächsten Termine zu besprechen, als Harry anrief. Leider hatte sich nichts ergeben. Die Polizei meldete sich nicht, was sicher kein gutes Zeichen war. Im Chat waren auch bei ihm unterschiedliche Hinweise aufgelaufen, nach denen der gesuchte Truck in allen Himmelsrichtungen gesichtet worden war. Allerdings – und das war ein kleiner Hoffnungsschimmer – hatte auch Harry von drei Kumpels die Info erhalten, der Sattelschlepper sei zwischen München und Wien gesichtet worden. Leider konnte keiner der Fahrer Kontakt mit den Gesuchten aufnehmen, sie waren entweder in der entgegengesetzten Richtung unterwegs oder schon längst weitergefahren. Noch nicht einmal eine brauchbare Beschreibung der Männer war möglich. Mist!

Harry konnte sich zwar an einen zweiten Namen erinnern – Tolik, wenn er das richtig verstanden hatte –, aber ob das was nützte?

Beim Frühstück erzählte ich Danylo von den dürftigen Nachrichten, auch von dem Namen.

Als ich ihn nannte – eher beiläufig – schlug er plötzlich mit der flachen Hand auf den Tisch. »*Tak!*«, rief er laut. »*Yes!*«, mit dem nächsten Schlag gleich hinterher.

Ich sah ihn erstaunt an.

»Woronesch«, fuhr er fort.

»Woronesch?«, wiederholte ich nur dämlich.

»Ja«, meinte Danylo, »in Russland.«

»Ich weiß, wo Woronesch ist. Na und?«

»Spielt keine Rolle. Da wollen sie hin, aber sie sind noch nicht mal in Budapest, bestimmt noch Stunden entfernt.

Aber sie wollen nach Russland.« Danylo schien sich seiner Sache sicher zu sein.

»Woher willst du das wissen?«, fragte ich missmutig, sein rätselhaftes Gebrabbel nervte mich.

Mit einer schnellen Bewegung fasste er um mich herum an meinen Schlüsselbund.

»He!«, ich wich zurück, wollte ihn abwehren, aber er hatte schon den seltsamen Anhänger in der Hand, die glänzende Spiegelscheibe. Deutete auf das eingeprägte Symbol. *»Солнце (solntse)«*, sagte er.

Ich brauchte nicht lange auf eine Erklärung zu warten.

»Ist das Logo von einer Firma, für die ich mal gearbeitet hab. Nicht lange. War mir zu heiß. Sind richtige Verbrecher. Einer der Bosse heißt Tolik. Was sie mit deinem Freund gemacht haben, ist genau ihr Stil.«

Er ließ los und setzte sich wieder hin.

»Na und?« Ich verstand nicht, wieso er sich da so sicher war. Wir hatten bloß diesen einen Namen! »Warum denkst du, dass ausgerechnet die das waren?«

Danylo grinste mich seltsam zynisch an. Nickte stumm, mit grimmigem Gesichtsausdruck.

»Weißt du, nicht alle Russen sind Verbrecher. Und auch nicht alle Ukrainer.« Er fixierte mich mit kaltem Blick. »In Wahrheit gibt es nur ein paar Banden, die diese Dinger drehen. Zwei, vielleicht drei. Und eine davon sind die Sonnenbrüder, Michail und Tolik Solntse.«

Es war klar, dass er auf die Vorurteile anspielte, die nicht nur in meiner Branche den Russen anhingen. Ich brachte ihn erst mal von dem Trip runter, dass ich genauso verbohrt war, erzählte ihm, dass ich schon viele russische Männer kennengelernt hatte und immer gut mit ihnen klargekommen war. Und im Bett waren sie eine Wucht gewesen.

Danylo lachte kurz, aber ich merkte, dass er sich entspannte. »Und wie sieht's mit Ukrainern aus?«, frage er mit einem schelmischen Lächeln.

»Du bist der erste«, bekannte ich, »oder jedenfalls der erste, von dem ich es weiß.« Ich presste unterm Tisch meine Knie an seine. »Und du bist nicht schlecht«, neckte ich ihn.

Er grinste, schien zufrieden mit meinem Manöver, erwiderte den Druck mit festem Gegendruck, sah mich jetzt ganz anders an als noch kurz zuvor, mir wurde schwindlig. Diese Augen!

Dann aber erzählte er mir von den paar Monaten, die er bei den Brüdern gearbeitet hatte, dass er erst nach einiger Zeit gemerkt hatte, was da abging. Er war in der Zentrale eingestellt gewesen, in Woronesch. Ladungen kamen an, wurden umgeladen und weitergeschickt. Nichts Ungewöhnliches.

»Ich hatte keine Ahnung. Dachte, das ist eine ganz normale Spedition.« Erst als er zum ersten Mal auf einen Diebeszug mitgenommen wurde, kapierte er, dass da was oberfaul war. Es war gar nicht so leicht, wieder rauszukommen aus dem Sumpf, in dem er plötzlich gefangen war, aber er hatte es geschafft. Sich einfach abgesetzt. Seitdem arbeitete er für eine slowenische Firma.

»Das ist genau ihre Handschrift«, betonte er noch mal. »Und das Gute ist: Ich kenne die Stationen, die sie anfahren.« Er wusste, dass die Diebe es vermieden, offizielle Rastplätze zu nutzen. Sie hatten ihre Verbindungen, übernachteten auf irgendwelchen verlassenen Höfen, die neben der eigentlichen Autobahnroute lagen.

Wien, Bratislava, Budapest, dann quer durch Ungarn und die Ukraine bis nach Woronesch in Russland. Über zweitausend Kilometer.

Ein ganz schöner Höllenritt, das schien mir übertrieben. »Lohnt sich das überhaupt?«, frage ich ungläubig.

Danylo schnaubte verächtlich. »Die klauen keine Nudeln«, meinte er trocken. »Die Ladung von deinem Freund bringt viele Tausend Dollar.«

Ich wusste, dass Woronesch eine Industriestadt war. Die Bauteile für Schienenfahrzeuge, die Harry geladen hatte, ließen sich dort sicher gut verticken.

»Dieser Sergiu«, meinte Danylo dann unvermittelt. »Hast du seine Nummer?«

Ich kapierte nicht.

»Na, von dem du den Schlüsselanhänger hast«, fügte Danylo hinzu, merklich ungeduldig. Dann, als ich immer noch schwieg: »Der muss was wissen. Steckt vielleicht mit drin.«

In mir verkrampfte sich irgendwas. Ich dachte an den geilen Sergiu, konnte mir beim besten Willen nicht vorstellen, dass er ein Krimineller war, ein Verbrecher. Dieser nette, wunderbare Kerl?

»Nie im Leben«, wehrte ich ab.

Danylo fixierte mich. »War Sex im Spiel?«, fragte er trocken.

Ich nickte. »Ja, aber …«

Danylo unterbrach mich einfach. »Das war wahrscheinlich alles geplant. Das gehört dazu, verstehst du?«

Ich verstand. Es gefiel mir nicht, in diesen Abgrund zu blicken, aber ich verstand. Und verstand noch mehr. »Warst du auch mal an dieser Nummer beteiligt?« Ich wollte es wissen.

Danylo nickte.

»Ja«, kam die trotzige Antwort. »Na und?« Nur in kurzen Worten erzählte er, dass der strategische Kopf der Bande, dieser Michail, schwul sei. Dass er ihn in einer Sauna in Kiew kennengelernt hatte, kurz darauf war er zu ihm nach Woronesch gegangen, weil der Kerl ihm einen Job in seiner Firma versprochen hatte. Nach und nach wurde er auch in die kriminellen Machenschaften eingeweiht, schließlich mitgenommen und eingesetzt, als Köder für schwule oder jedenfalls notgeile Trucker. Hatte mit ihnen Sex gehabt, um herauszubekommen, was sie geladen hatten, wo sie hinfuhren und so weiter. Alles eben, was wichtig war.

»Und warum zum Teufel gibt er mir dann diesen Anhänger?« Ich war noch immer nicht überzeugt, dass ausgerechnet mein Sergiu eine so berechnende Nutte sein sollte. »Mit dem Logo seiner Firma drauf? Das ihn verraten könnte?«

Danylo zuckte mit den Schultern. »Keine Ahnung. Vielleicht ist er schon längst nicht mehr dabei. Oder einfach dumm.«

Er merkte meinem Blick an, dass ich nicht mochte, dass er so über den Burschen redete. Vielleicht war ich einfach nur in meiner Eitelkeit gekränkt. War ich auf einen Betrüger reingefallen? War ich so schwanzgesteuert, dass ich nicht das Geringste bemerkt hatte? Gut möglich, musste ich zugeben, und versuchte, mich an irgendwas zu erinnern, was mich hätte misstrauisch machen sollen. Aber es gab nichts. Er hatte keine Fragen gestellt, sich nicht auffällig überall umgesehen.

»Lass das«, bat ich Danylo. »Er war zuckersüß.«

Danylo legte mir besänftigend eine Hand auf den Unterarm. Er wollte genauso wenig wie ich einen Streit über die Sache.

Ich zwang mich, nicht darüber nachzudenken, was Harry vielleicht schon ausgeplappert hatte, als er mit Sergiu allein gewesen war, bevor ich dazukam …

Wir überlegten gemeinsam, was wir tun könnten, um Harry zu helfen. Wir wollten die Bande aufspüren und ihnen im besten Fall die Ladung wieder abnehmen, wenn möglich mit Hilfe der Polizei. Dass die Bande gefährlich war, musste mir Danylo nicht erst bewusst machen. Je nachdem, in welchem Land es zu einem Zusammenstoß mit den Kerlen kommen würde, konnten wir vielleicht gar nicht mit Unterstützung von Behörden rechnen. Allein gegen eine ganze Bande? Oje!

Ich würde Sergiu kontaktieren, das war klar. Was auch immer dabei herauskommen würde, meine Arbeit durfte ich nicht einfach so vergessen. Doch ich konnte sicherlich mit meinem Onkel reden, eventuell meine Routen ändern oder auch einfach mal freinehmen, falls es nötig sein und Sinn machen würde.

Anders sah es bei Danylo aus. Er musste seine Touren einhalten, sonst war sein Job gefährdet. Wie er erzählte, würde sein Chef kein Verständnis für irgendwelche Änderungen oder Zeitverluste aufbringen. Das Einzige, was vielleicht helfen mochte, war, dass er als Nächstes sowieso in Richtung Wien und Budapest unterwegs sein sollte, genau wie unsere Diebe, falls wir recht hatten. Und einen oder zwei Tage Luft, das würde er im Notfall auch irgendwie hinkriegen.

Ich checkte die Chatnachrichten, aber es gab nichts Neues, jedenfalls keine eindeutigen Hinweise. Obwohl inzwischen zwei andere Kollegen den vermeintlichen Truck gesichtet hatten, beide in der Nähe von Wien. Mit gemischten Gefühlen ging ich schließlich beim schwulen Portal online, in dem Sergiu sich herumtrieb. Er war nicht on, aber immerhin konnte ich mir mal sein Profil ansehen. Zwar hatte er keine klaren Facepics reingestellt, aber jede Menge Urlaubsbilder, auf denen er sich mit Sehenswürdigkeiten oder vor interessanten Landschaften zeigte. Vor dem Kölner Dom. In der Schwebebahn von Wuppertal. An irgendeinem See. Vor der Burg in Bratislava. Mir wurde weh ums Herz, als ich mich durch die Bilder klickte und ihn sah, mich an unsere Begegnung erinnerte, an sein Lachen, die Zahnlücke, seine Augen, seinen geiler Körper …

Mein Handy meldete sich, und ich ging sofort ran, in der Annahme, dass es Harry sein musste. War überrascht, eine andere Stimme zu hören.

»Hab gesehen, dass du online bist und in der Nähe.« Keine Ahnung, wer das war, ich warf einen schnellen Blick aufs Display. Bottombitch407. Die geile Münchner Schlampe! Danylo sah mich fragend an.

»Ja, aber ich bin ziemlich beschäftigt«, wiegelte ich die Bottombitch ab. Auf Sex hatte ich jetzt keine Lust, es gab Wichtigeres zu tun.

»Ach, ein Stündchen wirst du doch Zeit haben. Es war so geil mit dir!«

Bloß wegen eines gelangweilten Bückstücks wollte ich mich nicht von meinen Plänen abbringen lassen, auch wenn man von einem wirklichen Plan noch nicht reden konnte.

»Ich krieg heute Abend Besuch«, lockte der Kerl weiter, versuchte, seine Stimme verführerisch klingen zu lassen. »Ein Russe. Dachte, du willst vielleicht mitmachen.«

Nur weil Russen im Moment eine gewisse Rolle spielten, zögerte ich kurz, statt das Gespräch gleich zu beenden. »Ein Bekannter?«, fragte ich.

»Ja, stell dir vor, der Typ, der beim letzten Mal noch dazugekommen ist. In deinem Hotel, im Zimmer von diesem Robert. Dem Kerl im Anzug«, fügte er erklärend hinzu.

»Toll«, erwiderte ich ohne rechtes Interesse. Beobachtete, wie Danylo seine Sachen zusammensuchte. Es war Zeit für ihn zu gehen. Ich musste unbedingt noch mit ihm reden!

»Ein echter Russe«, schwärmte der Idiot am Handy weiter, »wir haben uns schon ein paarmal getroffen, und er ist einfach dermaßen geil! Es wär super, wenn du mal dazukommen könntest. Allerdings muss es bald sein, darum dachte ich, vielleicht hast du Zeit heute. Michail fliegt nämlich übermorgen wieder zurück nach Russland.« Den Namen ließ er sich auf der Zunge zergehen, das konnte ich hören. Der Kerl plapperte immer weiter und weiter, als wären wir alte Bekannte. Für mich war er bloß ein Fickstück.

»Na dann«, sagte ich nur, »schöne Grüße an den Kreml«,

und wollte Tschüss sagen, aber der Bottombengel lachte, meinte, dass das zu schön wäre, er hätte sich schon in Pelz und Pferdeschlitten durchs verschneite Moskau gleiten sehen, aber der Typ käme aus einer anderen Stadt, von der er noch nie gehört hätte. Warantschuk oder so.

Ich stutzte.

»Woronesch?« Das russische o wird wie ein a ausgesprochen, und ich musste sofort an die Stadt denken, deren Namen ich in den letzten Stunden so oft gehört hatte.

»Ja, genau«, bestätigte der Kerl mit fröhlichem Lachen und schwafelte weiter.

»Michail? Aus Woronesch?«, unterbrach ich ihn, jetzt deutlich interessiert.

»Warum, kennst du den etwa?« Die kleine Bottombitch war überrascht.

In meinem Kopf wirbelte alles durcheinander. Konnte das dieser Kopf der Bande sein? Ausgerechnet der? Hier in München?

»Nein«, erklärte ich, und das stimmte ja auch, ich kannte ihn nicht. Trotzdem musste ich nachdenken. Mich mit Danylo besprechen.

»Hör mal, ich muss schnell was erledigen«, brach ich unser Gespräch ab. »Ich ruf gleich noch mal zurück.«

## MÜNCHEN, TAG 3:
# Gefährliche Spiele

Es war schnell erzählt, woher ich den Anrufer kannte, und als ich zu dem bevorstehenden Besuch eines Michails aus Woronesch kam, horchte Danylo auf. Er wollte, dass ich den Kerl zurückrief, ich sollte ihn nach dem Aussehen oder näheren, sogar intimen Details fragen, damit wir sicher sein konnten, dass es der Gesuchte war. Aber ich hatte Zweifel. Eine gewisse Chance gab es zwar, trotzdem müsste es ein riesiger Zufall sein, wenn es tatsächlich dieser Bandenchef wäre. Und falls das der Fall sein sollte, dürften wir im Vorfeld keinen Verdacht erregen und die Bottombitch nicht mit zu vielen Fragen löchern. Damit könnten wir alles vermasseln.

»Es ist besser, ich geh einfach hin«, meinte ich entschlossen. »Ich bin spätestens um fünf fertig mit der neuen Ladung, sind nur ein paar Paletten.«

»Und was willst du dann machen? Einfach beim Dreier mitficken und ganz nebenbei fragen, wo Harrys Ladung ist? Ist die kleine Bottombitch so heiß?«

Verwundert bemerkte ich den gereizten Unterton in Danylos Stimme. Ich musste grinsen. Es gefiel mir durchaus, dass er anscheinend eifersüchtig war. Aber andererseits war dieser Michail auch ein Ex-Lover von ihm, vielleicht war er nur deswegen sauer. Oder alte Gefühle kamen hoch. Egal.

»Ich weiß auch nicht genau, was dann passiert. Aber Sex bestimmt nicht.«

Danylo lachte höhnisch auf.

»Das glaubst du doch selbst nicht. Darum geht's doch bei der Sache! Ich kann mir nicht vorstellen, dass es dich nicht reizt, wieder mit diesem Kerl rumzumachen. Verdammt, muss ich immer diesen blöden Nickname sagen? Wie heißt der Typ denn wirklich?«

»Rainer«, antwortet er, als ich ihn im Flur seiner Wohnung im Münchner Osten nach seinem Namen frage.

»Christoph«, gebe ich zurück. Bis dahin hatten wir unsere Namen gar nicht gekannt. Wozu auch? Aber jetzt …

Er führt mich ins Wohnzimmer. Ich sehe mich um. Alles ganz schön. Geräumig, modern und relativ puristisch. Braune Ledercouch und Sessel, cooles Tischchen – Stahl und Holz – mit Notebook drauf. Großer Fernseher an der Wand. Breite Fensterfront mit einem Esstisch und vier Stühlen davor, links gibt es eine offene Küche mit Tresen und zwei Barhockern.

»Wann kommt dein Freund?«, will ich wissen, als der Kerl sich an mich drängt, mich küssen will. Er lässt ab von mir.

»Das ist nicht mein Freund«, erklärt er nüchtern. »Nur ein Bekannter, mit dem ich geilen Sex hab. Genau wie du«, gurrt er, geht mir schon wieder an die Hose.

Ich würde ihm gern klarmachen, dass wir keineswegs

»Bekannte« sind, bloß weil wir eine geile Nummer geschoben haben, aber darum geht es jetzt nicht.

»Ach ja«, sage ich nur, schiebe meine Hand hinten durch seinen Hosenbund und taste mich durch die Arschritze zum Loch vor, schiebe einen Finger in die schlüpfrige Körperöffnung der kleinen Drecksau.

»Mhmm«, brummt der Bursche wohlig und reibt sich an mir, kommt mir mit der Kiste ein bisschen entgegen, sodass mein Finger tiefer eindringen kann. »Wir können ja schon mal loslegen, er mag es, wenn ich schon eingespritzt bin.«

Bevor ich was sagen kann, rutscht er an mir runter und geht an meinen linken Sneaker, fängt an, das Ding abzulecken. Hält inne und sieht zu mir hoch. Echt sexy, der Kerl, sogar noch einen Tick hübscher, als ich ihn in Erinnerung hatte. Seine braunen Augen funkeln.

»Du warst so geil beim letzten Mal. So dominant. Da steh ich drauf.«

Auch daran erinnere ich mich. Spiele mit.

»Ach ja?«, meine ich cool, beuge mich runter und lege ihm eine Hand auf die Wange, tätschle sie sanft, genieße seine merkliche Erregung, sein erwartungsvolles Zittern. Halte mich zurück. »Und dein Russe?«, frage ich. »Ist der auch dominant?«

»Ja«, keucht er angespannt, hält meinen Blick, greift sich an die Beule, massiert seinen Schwanz.

Ich knalle ihm eine, nicht zu fest, nur ein kleiner Vorgeschmack.

»Danke«, kommt es leise von dem devoten Kerl. Der Russe muss ihn gut abgerichtet haben, denn diese Töne waren beim letzten Mal noch nicht zu hören. Er wirkt ängstlich, oder spielt es zumindest, als er nun wieder meinen Blick sucht.

Ich mache mit, nicke ihm beruhigend zu. Dann: »Maul auf!«

Er gehorcht.

»Zunge raus!« Ich sammle Spucke und lasse den Batzen auf die herausgestreckte Zunge segeln. Gierig fängt die Drecksau das Zeug auf, spielt im Mund damit herum und schluckt es, sperrt sofort erneut das Maul auf, kriegt die nächste Ladung reingerotzt. Ich drücke seinen Kopf an meine Schwanzbeule in der Hose, doch er will wieder nach unten, an meine Sneaks.

Die Schuhnummer reizt mich aber nicht, ich bin viel zu angespannt, um einen künstlich verlangsamten Fick abzuziehen. Also halte ich seinen Kopf oben, presse ihn fest auf meine Beule und mache ein paar Beckenstöße dagegen, rein ins hübsche Gesicht, merke, wie mein Schwanz hart und dick wird. Führe seine Fresse daran entlang, er röchelt und schnaubt in den Jeansstoff, sein Körper wird schwer und schlaff, als ob er sich ergibt.

Mit einer plötzlichen Bewegung stoße ich ihn weg, sodass er in den Sessel fällt. Ich komme näher, mache dabei den Gürtel auf und ziehe ihn schnell aus den Schlaufen.

»Hat er einen großen Schwanz, dein Russe?«, frage ich, lauernd, bedrohlich, den doppelt gelegten Gürtel wie zum Schlag bereit in den Händen.

Rainer, die geile Bottombitch, rutscht nervös im Sessel herum, sieht mich ängstlich an. Nicht mehr ganz so gespielt jetzt.

»Ja«, antwortet er leise.

»Ja? Größer als meiner? Dicker?« Ich straffe den Gürtel ruckartig zwischen meinen Händen. Noch mal. Und noch mal.

»Keine Ahnung«, meint der Kerl mit kurzem Blick auf meine Beule. »Zeig ihn mir doch noch mal.«

Es gefällt mir, dass er immer noch frech sein will. Und der Gürtel wäre zwar geil jetzt, aber ich darf meine Mission nicht vergessen. Also lege ich ihn weg, sehe mich suchend um. »Hast du was zu trinken? Bier?«

Rainer lächelt, hat nichts dagegen, das Ganze spannend zu gestalten. Wir haben ja Zeit. »Helles oder Pils? Oder ein Weißbier?«

Der Mann scheint auf Gäste eingerichtet zu sein. Ich entscheide mich für das Letztere, es passt mir ganz gut, dass das Einschenken des schäumenden Biers ins Glas länger dauert. Locker schlendere ich zur Bar hinüber.

»Hat er Kohle, dein Bekannter?« Die Frage ist unverfänglich genug unter Homos, denke ich. Tatsächlich hat Rainer keinerlei Bedenken, über das Thema zu reden.

»Na ja, er ist wohl ein ziemlich erfolgreicher Geschäftsmann. Andauernd klingelt sein Handy. Das muss natürlich nicht viel heißen, aber ich denke schon, dass er Kohle hat. Normalerweise treffen wir uns in seinem Hotelzimmer, und das ist eher eine Suite, würde ich sagen.«

»Sehr geheimnisvoll.« Ich hoffe, dass ich etwas mehr erfahren kann. »Ein Waffenschieber?«, frage ich provokant.

Rainer ist immer noch mit meinem Bier beschäftigt, ich hätte mir mein unschuldiges Grinsen sparen können, das unbeachtet bleibt.

»Nein, ich glaub nicht. Neulich ging es um Flugzeuge, oder Teile davon, mit irgendeiner englischen Firma.«

»Also stellt seine Firma Flugzeuge her?« Das würde zu Woronesch passen, das weiß ich. Damit sind meine Hoffnungen im Keim erstickt. So jemand klaut keine Ladungen.

»Nein«, wehrt Rainer jedoch ab, während er mir das Bier auf dem Tresen kredenzt. »Dann hätte er sicher einen eigenen Jet, oder?« Er lacht, stolz auf seine Kenntnisse – oder Vorstellungen von – der russischen *Upper Class*. Dann, wieder ernst: »Er handelt anscheinend mit allen möglichen Maschinen, obwohl er natürlich meistens Russisch spricht am Handy, und das verstehe ich nicht.«

Schon besser. Nachdenklich proste ich ihm zu und nehme einen guten Schluck.

»Warum interessiert dich das überhaupt?«, fragt er dann. »Macht es dich an zu wissen, was für ein mächtiges Alpha-Männchen mich fickt? Mit dir zusammen?« Er grinst mich über den Tresen hinweg frech an.

Gar keine schlechte Vorlage für weitere Fragen, die er mir da liefert! Andererseits ist mir die kleine Bottombitch doch eine Nummer zu übermütig jetzt.

»Halt die Klappe und komm rüber und lutsch mir den Schwanz«, knurre ich nur und falle in meine eigentliche Rolle bei diesem Treffen zurück.

Der Kerl leckt sich die Lippen, zufrieden mit der Ansage, und kniet sich vor mich, sieht mich an, kriegt diesen devoten Blick, der mich anmacht, geht an meinen Latz und knöpft ihn auf, Blick immer noch nach oben gerichtet, schafft es trotzdem, meinen halbsteifen Schwengel rauszuholen. Er nimmt ihn in eine Hand, nimmt die Vorhaut zwischen seine sinnlichen Lippen. Dann erst löst er den Blickkontakt und konzentriert sich voll auf meinen Schwanz, während ich ihm dabei zusehe, weil es mich total flasht, wie er seine Zunge rausstreckt und mit der Spitze in die Vorhaut fährt. Wie er die Eichel blank legt und sie umzüngelt, sanft, federgleich, sie küsst, an ihr saugt, einen dicken Tropfen Vorsaft aus dem Schaft melkt, den er mit der Zunge auffängt. Wow, der Junge ist ein echter Feinschmecker!

»Gefällt dir mein Schwanz?«, frage ich mit kehliger Stimme. Mann, jetzt werde ich geil!

Er lacht mich strahlend an. »Mhmmm, ja! Ich liebe deinen Schwanz.«

»Was dagegen, wenn ich dich dabei filme?«, frage ich, einer Eingebung folgend, und hole mein Handy aus der Hosentasche.

»Nein, geil«, antwortet er nur.

Na dann … Ich starte die Aufnahme. Die Drecksau hat keine Scheu, direkt in die Kamera zu sehen, ihr ein paar lüsterne Blicke zu schenken. Ich sehe auf dem Display, wie seine lange, bewegliche Zunge erneut um meine fette Eichel gleitet. Wie die Lippen sich über den glatten Pilzkopf schieben, ein paarmal auf und ab, dann wieder die Zunge, unten am Schaft entlang bis zur Wurzel, wieder zurück, sie kitzelt das Bändchen mit schnellem Schlag, dann endlich zieht er sich meinen Dicken rein. Nicht gleich auf einmal, aber Stück um Stück mit jeder Kopfbewegung, rein, raus, ein bisschen tiefer, wieder raus, rein, noch tiefer, mhhm. Bis sein Gesicht in meinem Haarbusch klebt. Er röchelt, Speichel rinnt ihm aus den Mundwinkeln, dann gibt er den Schwanz frei. Glänzend und triefnass, es sieht echt geil aus. Ich lasse ihn zucken, prompt kommt wieder Vorsaft, den die Bitch sich schmatzend auf der Zunge zergehen lässt. Porno pur!

Der Kerl nimmt jetzt Anlauf, haut sich den Prügel mit einem einzigen Happs bis zur Wurzel rein, und schon steht das Ding wieder im Freien. Zack! Wieder ganz drin. Und wieder raus. Etliche Male vollführt der Typ das Kunststück und macht mich damit unheimlich an.

Er packt die fette Latte, schlägt sich das Teil ins Gesicht, gegen die Wangen, die Stirn, auf die rausgestreckte Zunge, stöhnt dabei erregt, lutscht dann genüsslich daran, bläst mich nach allen Regeln der Kunst. Ich will's ein bisschen schneller, heftiger, fasse mit der freien Hand an seinen Hinterkopf, presse den geilen Schwanzlutscher ganz an mich ran, stopfe ihm sein hungriges Maul und reibe mich in seiner Kehle! Ein harter Fick jetzt, rein, rein, rein, der Kerl würgt und gurgelt, aber ich höre nicht auf, geilgeilgeil!

Ich lasse ihn los, und er holt röchelnd Luft, lacht dabei und blickt glücklich zu mir hoch. In die Kamera. Präsentiert sein verdorbenes, von Spucke triefendes Schwanzlutschermaul völlig schamlos, mit größter Lust. Wie geil!

Ich lege das Handy weg, lächle dem Kerl aufmunternd zu, klatsche ihm nun selbst den Prügel in die Fresse, freue mich, wie er danach schnappt. Eine Weile lasse ich ihn zappeln, bevor ich ihn wieder füttere, stopfe, ficke, tief und gnadenlos, und als er sich wehrt, presse ich seinen Kopf noch mal richtig fest auf meinen Schwanzpflock drauf, lasse ihn ein paarmal zucken, tief hinten in der Kehle, oh ist das gut! Erst dann kriegt der Bursche wieder eine kurze Atempause, aber verdammt: Das hat sich so geil angefühlt, ich will sofort wieder rein. Also schnappe ich mir die Maulfotze und ficke sie gleich wieder, ahhhh, ist das geilgeilgeil!!

Ein bisschen Raum gebe ich der Bottombitch, beuge mich über den Rücken und gehe dem Lutscher wieder ans Loch, während er weiterbläst. Die Drecksau ist so nass, dass ich sofort zwei, dann drei Finger reinschieben kann. Mhmm, butterweich, traumhaft gängig, ich will ficken!

Ich ziehe den Kerl hoch und schmeiße ihn vornüber auf den Ledersessel, sodass er darauf kniet und mir seine Kiste hinhält. Zerre ihm die Hosen runter – er hilft, macht den Gürtel auf – bis der Arsch endlich blank liegt. Was für ein geiler Arsch! Dralle Männerarschbacken. Die Körperbehaarung fängt erst an den Oberschenkeln an, die Haut am Arsch ist glatt und weiß. Ein Schlag mit der flachen Hand auf die rechte Backe, BÄNG! Das Bückstück stöhnt auf. BÄNG! Auf die andere. Noch mal, bis die Haut eine leichte Rötung zeigt, warm wird unter meiner Hand.

Ich ziehe das leckere Fickfleisch auseinander, das rosige Loch zuckt in der Mitte eines schwarzen Schamhaarkranzes, ich bohre zwei Finger rein, rotze drauf, verschmiere das Zeug. Mit der Zunge fahre ich drüber, fahre rein, wieder die Finger, tiefer jetzt. Ficke ihn schnell und fest damit, halt den Kerl eisern in meinem Griff, denn er zappelt mir zu viel, BÄNG!, kriegt er wieder eine drauf und hält schön still jetzt.

Noch mal die Finger, ordentlich eingespeichelt. Dann

stelle ich mich auf, reibe meinen Prügel am Steiß des geilen Kerls, der unter mir stöhnt und mir mit seiner sexy Kiste entgegenkommt, den Fick herbeisehnt. Ich schiebe die Kuppe rein, bin viel zu geil, um noch länger rumzuspielen, drücke den Schwanz tiefer – ein kurzes Aufbäumen – und tiefer, bin drin, bis zum Anschlag, ja!

Ich genieße das Gefühl, lasse ihn drin, spüre das heiße, geschmeidige Fotzenfleisch, das mich umklammert, sich bewegt, sich sortiert. Dann fange ich an, den geilen Rainer zu ficken, die kleine Bottombitch. Knalle den dicken Bolzen rein und rein, ziehe die Backen auseinander, um besser sehen zu können, wie das Loch gestopft wird, bin begeistert, als der Kerl herumgreift und das selbst übernimmt, mir seine Anstichstelle präsentiert wie eine Profinutte. Das Handy liegt in Reichweite, ich schnappe es mir und halte drauf, verlangsame die Stöße, filme, wie ich das nasse Hurenloch ficke, drei, vier Minuten lang. Dann lege ich das Ding wieder weg und ziehe den Fickburschen richtig durch, packe ihn an den Hüften und nehme ihn im Staccato, reinreinrein, bis mein Schwanz und die Fotze glühen.

Sein Gesicht, ich will sein Gesicht sehen! Ich drehe ihn auf den Rücken, die Beine hoch, er hält sie an den Kniekehlen auseinander, es kann weitergehen! Das eingerittene Loch ist bequem in Reichweite, direkt vor meiner Flinte. Ich dringe ein, bin drin, Mann, ist das heiß! Das weiche Fotzenfleisch fickt sich genial, mein Schwanz fühlt sich mehr als willkommen, wühlt darin, fickt schnell, fickt langsam, schickt Wohlgefühl ohne Ende in mein Rückenmark. Ich gehe aus den Knien und stopfe den geilen Kerl von schräg oben, halte seinen Blick, die dunklen Augen sind direkt mit mir verbunden, er gibt sich hin, der Kerl, ich seh's förmlich, wie er zerfließt vor Wollust.

Sein Schwanz ist nur halbsteif, spuckt aber bei jedem Stoß Vorsaft, zuckt, pulsiert. Wir stöhnen beide leise und im totalen Einklang miteinander, mir geht's fantastisch!

»Ich komm gleich«, kündigt Rainer seinen Orgasmus an.

Schnell nehme ich seinen Schwanz in die Hand und wichse ihn, er wird von jetzt auf gleich stahlhart. Ich stoße weiter, rein, rein, rein. Und da schießt er ab! Druckvoll schleudert der zuckende Schwanz dicke Fontänen aus Sperma in die Luft, drei-, viermal, während der Mann sich unter mir windet wie in Krämpfen. Der Anblick macht mich so geil, dass ich sofort hinterhergaloppiere. Ich tauche erneut in diese dunklen Augen, ficke seinen Arsch, der vom andauernden Orgasmus verdammt eng geworden ist, noch immer kommt Sperma, läuft aus dem etwas abgeschlafften Schwanz raus. Ich merke, wie es in mir kribbelt, wie sich allmählich mein eigener Schuss ankündigt, genieße es, ganz langsame Fickbewegungen, bei jedem Eindringen steigt der Druck ein bisschen mehr. Jeden Moment platzt das Ventil. Wieder rein – der Druck wird zu viel –, wieder rein, aaah – ich spritze ab, spritze rein, ficke trotzdem weiter dabei, langsam, ganz langsam … Ist das geil!

Erst als der Höhepunkt verebbt, merke ich, wie high ich war. Es dauert echt 'nen Moment zu realisieren, wo ich bin – und bei wem. Ich hatte mich in den Augen verloren, dunkles Funkeln, hingebungsvoller Blick, was für ein Kerl, ein geiler, geiler Kerl …

Nach einer Weile rutsche ich runter und lege mich einfach lang auf den Teppich, bin völlig außer Puste. Kriege aus den Augenwinkeln mit, wie der andere die Beine runternimmt. Genau wie ich verschnauft er erst mal, stöhnt dabei wohlig, matt, erfüllt, satt. Keiner von uns hat es eilig, aus diesem Zustand wieder aufzuwachen.

»Boah, war das geil«, ruft Rainer laut und begeistert in den Raum, schüttelt den Kopf, reibt sich über Stirn und Haare, blinzelt wie benommen, hängt sich ins Lederpolster, entspannt sich langsam.

Ich bin noch mit Atmen beschäftigt, antworte ihm nicht, nicke nur zustimmend. Dann zwinge ich mich, wenigstens schon mal in den Schneidersitz überzugehen. Mir ist beinah schwindlig, der Orgasmus war echt heftig. Auch ich schüttle mir die Benommenheit aus dem Kopf.

»Das kann man wohl sagen«, erwidere ich seinen Kommentar endlich. »Du bist so eine geile Drecksau!«

Rainer lacht, fühlt sich zu Recht geschmeichelt. »Hast du Bock, mein vollgepumptes Loch zu filmen?«, fragt er zu meiner Überraschung. Mit einem Schlag bin ich hellwach.

»Klar«, sage ich und greife nach dem Handy. »Du kleines Ferkel«, füge ich lachend hinzu.

Tatsächlich legt sich der Kerl wieder rücklings auf den Sessel und hebt erneut die Beine an, fasst schon mal prüfend an sein Loch, reibt mit einem Finger am spermanassen Rand rum, leckt ihn dann schmatzend ab.

»Mmhmm, schmeckt gut.«

Ich gehe zwischen seinen Schenkeln in Position und visiere die geile Sauerei an. Und los. Rainer hält seine Beine mit Griff in die Kniekehlen auseinander und präsentiert mir das zuckende Loch. Ich zoome ran. Aus der rosigen Öffnung fließt weiße Spermasoße, erst tropfenweise, dann ein richtiger Schwall. Geil! Die Drecksau presst mehr raus, das Zeug tropft vom Ledersessel runter auf den Teppich, scheißegal. Ich fange alles ein, weiß schon jetzt, dass ich mir auf das Filmchen mal einen runterholen werde …

Plötzlich geht die Tür auf, und mit ein paar ausladenden Schritten kommt ein Mann zu uns ins Wohnzimmer! Vor Schreck drehe ich mich um, starre den Typ mit offenem Maul an, sprachlos.

»Hi, Michail«, gurrt Rainer, ohne seine Stellung zu verändern. »Du kommst gerade richtig.«

Der Mann, im Anzug, Anfang vierzig, Bürstenschnitt und kurz getrimmtes Bärtchen, zieht sich schon das Sakko aus.

»Hi, Schlampe«, begrüßt er Rainer mit einem dreckigen Grinsen, bevor er mir kurz zunickt. »Hast ihn schon besamt, was?«, fragt er mich.

Nicht gerade der Augenblick für Förmlichkeiten.

»Ja, grad eben. Ganz frisch.« Ich stelle mich gleich auf die Nummer ein, wie er sie wohl erwartet, der Russe. Das fällt mir nicht schwer, ich würde dieselbe Antwort hören wollen. Er grinst wieder, den Blick starr auf Rainers Spermafotze gerichtet, zieht sich weiter aus. Ich sehe ihm dabei zu, wie er sich die Schuhe von den Füßen kickt, den Gürtel aufmacht, die Stoffhose öffnet und runtergleiten lässt. Die schwarzen Pants, wie hautenge Boxershorts, sind ziemlich sexy, Donnerwetter! Vor allem der Schwanz, der sich darunter abbildet, ist scharf. Schon ziemlich steif, und richtig dick und lang. Sicher ein größeres Kaliber als meins, da bin ich mir schon jetzt sicher.

Der Mann ist echt cool, strahlt ein Selbstbewusstsein aus, das mich beeindruckt. Und während ich ihn so bewundere und ihm zusehe, schlängelt sich plötzlich ein anderer Gedanke durch meine Hirnwindungen. Hab ich ihn gefilmt, als ich mich vorhin umgedreht hab? Ist er in dem Video zu sehen? Sein Gesicht? Das könnte verdammt hilfreich sein, wenn Danylo ihn erkennt. Oder eben nicht erkennt. Ich würd's zu gern gleich checken, aber das wäre zu auffällig.

Der Typ löst die Krawatte und zieht sie aus dem Kragen, den Blick weiterhin auf Rainers Arsch geheftet. Porno! Echt wie ein eins a Stripper. Dabei sieht er nach Standardmaßstäben nicht mal besonders gut aus, kein Model-Gesicht oder so. Umso geiler. Der Schädel ist ziemlich breit, Geheimratsecken hat er auch. Schmale, fiese Lippen, eine große, fleischige und etwas krumme Nase – ein richtiger Zinken –, kleine, tief liegende Äuglein, aber alles in allem eine geile Männerfresse eben.

Er zieht sich das Hemd aus. Auch der Body ist sexy. Dieser Michail ist vielleicht ein Stück kleiner als ich, so eins fünfundsiebzig, schätze ich. Kein krass durchtrainierter Körper, aber Muskeln genug, stellenweise unter dünnen, aber merklichen Fettpolstern, und mit jeder Faser verströmt er dieses geile Selbstbewusstsein. Der Kerl hat eine Ausstrahlung, als gehörte ihm die Welt. Ein Machtmensch, ganz klar, aber genau darum faszinierend. So was ist immer sexy.

Erst jetzt, als er näher kommt, fällt mein Blick auf den Anhänger, den er an einer längeren Goldkette um den Hals trägt. Wie ein Blitz schlägt die Erkenntnis ein, dass es sich wirklich um unseren Mann handelt. Denn in der Mitte eines Russischen Kreuzes mit den drei Balken sitzt ein roter, funkelnder Stein. Genau, wie Danylo es beschrieben hat.

»Von dem Anhänger trennt er sich nie«, hat er erzählt. »Der ist geweiht vom Soundso und richtig heilig für ihn. So was wie ein Talisman.«

Komischerweise entspannt es mich, endlich zu wissen, woran ich bin, ich wundere mich selber. Mein Schwanz wird problemlos mitspielen, das merke ich gleich. Im Moment geht es nur um die Nummer hier, sonst nichts. Ich sehe zu, wie der Kerl sich zu Rainer herunterbeugt und die Arschbacken auseinanderzieht. Sofort greift Rainer rum und übernimmt das selbst. Zeigt dem anderen sein Hurenloch, lackiert von meinem Sperma. Der Russe fasst kurz ran, taucht die Finger in die Sauerei und lässt sie von dem devoten Stück abschlecken.

»Das schmeckt dir, stimmt's?«, fragt unser Besucher, der russische Akzent ist einfach heiß.

Rainer beeilt sich, die Frage zu bejahen, steigert sich rein, erklärt, wie geil er auf das Zeug ist. Dass er mehr davon will, in alle Löcher. Von uns beiden, von seinen zwei dominanten Hengsten.

Es überrascht mich nicht, dass der Russe ihm eine knallt, nicht gerade zimperlich. Rainer stöhnt laut auf.

Eine ganze Weile quatschen die beiden dreckiges Zeug, während der Russe immer wieder mit den Fingern ans Loch geht und den anderen füttert. Auch die eine oder andere Ohrfeige austeilt. Dann geht er um den Sessel rum und fordert die Drecksau auf, ihm den Schwanz zu lutschen.

Zuzusehen, wie der Bursche sich den dicken, langen

Schwanz reinzieht, macht mich scharf, richtig scharf. Nach einigem Anlauf kriegt er das Ding bis zum Anschlag rein, kaum zu glauben, dass das geht! Schließlich lässt Rainer sich ins Maul ficken, ganz schön heftig, der Kopf von den Pranken des Mackers fixiert wie im Schraubstock, rein und rein und rein. Wow!

Das Schauspiel zieht mich an, ich gehe rüber, stelle mich neben den Russen, wichse mit langsamen Strichen meinen Schwanz, der schon wieder steif ist, und schau den beiden zu. Komme näher, lege einem Impuls folgend einen Arm um den Ficker. Er dreht sich zu mir, ohne die Blasnummer zu unterbrechen, und sieht mir direkt in die Augen. Ein bisschen unsicher, der Blick, aber das Flackern darin wird von Geilheit beherrscht. Ich küsse ihn einfach, und nach einigem Zögern erwidert er den Kuss. Er macht sich ganz gut, schmeckt nach Minze, die Zunge ist wendig und wild. Unser Kuss spielt keine Rolle, ist nur ein kurzes Beschnüffeln, ich widme mich wieder dem Anblick der Maulfotze, die heftig gestopft wird, den Arm immer noch um den Hals des Russen gelegt, ganz locker, so kumpelhaft eben.

Der Kerl hat nichts dagegen, konzentriert sich aufs Rammeln, greift rum und zieht dem Schwanzlutscher die Mundwinkel auseinander, sticht tief rein, stopft die hungrige Kehle mit seinem dicken Hengstschwanz. Geil!

Schließlich zieht er ihn raus.

»Schön aufgefickt jetzt. Wird dir gefallen«, meint er und lacht dreckig. Ich nehme das Angebot gern an und ziehe die Bottomfresse auf meinen Ständer. Lässt sich tatsächlich mühelos tief reinficken, geilgeilgeil!

Der Russe kniet sich hin und legt sich Rainers Beine auf

die Schultern. Setzt an und dringt ein. Rainer macht ein Hohlkreuz und will nach hinten ausweichen, aber der Macho kennt kein Pardon, holt sich den Arsch mit einem Ruck wieder her, bohrt seinen Mörderbolzen weiter rein, tiefer jetzt, Rainer jault auf.

Der Ficker lacht wieder versaut, spielt ein bisschen mit dem geilen Loch, fährt mit der fetten Eichel ein paarmal rein und raus, bis die Muffe nachgibt, genug glitschiges Sperma sie gängiger macht, dann schiebt er nach! Und dann rammt er sich mit einem Mal rein, ein kurzes Aufbäumen der Stute, dann ist er drin, der dicke Russenprügel. Michail wartet keine Sekunde, sondern fängt sofort an, die Arschfotze durchzunehmen. Mann, hat der Dampf drauf! Ich versuche, im gleichen Tempo ins Maul zu ficken, und Rainer keucht und röchelt vor Anstrengung, macht aber keinerlei Anstalten, sich zu wehren. Scheint es zu brauchen, dass beide Löcher gleichzeitig gestopft werden. Scheint richtig happy!

Als ich ihm eine Pause gönne, strahlt er erst mich, dann den Russen selig an, stöhnt vor Wollust, kriegt schon wieder einen Steifen. Greift sich eilig meinen Schwanz und nimmt ihn ins Maul, lässt sich wieder in die Kehle ficken.

Dieser Michail hat's wirklich nötig gehabt, denn er knallt noch ein paar Dutzend weitere Stöße ins willige Loch, dann kommt er. Unter Knurren verspritzt er seine Ladung tief im Inneren des geilen Fickstücks, pumpt die Sau voll mit seinem Samen.

Ich sehe ihm zu dabei, sehe, wie er den Kopf zurücklegt, mit geschlossenen Augen und krampfhaft verzerrtem Gesicht den Druck loswird. Im Moment ist er nicht der

Kriminelle, der Dieb, im Moment ist er nur ein Kerl, der ganz bei sich ist, bei seinem Orgasmus, ihn genießt bis zum letzten Beben. Gefällt mir. Wie zur Mahnung funkelt plötzlich der Stein am Anhänger auf, blutrot, wie die Fahne der ehemaligen Sowjetunion …

Doch noch war der Sexteil des Abends nicht vorbei. Nun war ich wieder an der Reihe, aber wir zogen uns ins Schlafzimmer zurück, alle drei. Fickten Rainer abwechselnd in alle Löcher, in allen Stellungen. Michail war unheimlich standfest, hatte vielleicht eine Pille geschluckt, jedenfalls konnte er recht schnell wieder mithalten und dann auch echt lange, ohne dass sein übergroßer Schwanz schlappmachte.

Es reizte mich, selbst mal das dicke Teil im Maul zu haben, und der Kerl hatte nichts dagegen. Ich war nicht halb so gut wie Rainer, aber der Gedanke, dass auch Danylo das Kaliber schon mal drin gehabt hatte, spornte mich an, und für ein paar wenige Sekunden schaffte ich es, ihn komplett zu schlucken. Qualvoll, aber auch endgeil, das Gefühl! Doch sosehr ich auch Lust auf mehr hatte, ich wollte keine Schieflage bei unserem Dreier riskieren und überließ den Lustspender wieder Rainer und seinen hungrigen Löchern.

Endlich hatten wir alle mehrfach abgespritzt und brauchten eine Pause. Rainer war zwar sichtlich ramponiert, raffte sich aber trotzdem brav auf, um uns Drinks zu machen. Wir setzten uns ins Wohnzimmer, ich kippte durstig ein halbes Glas Weißbier mit ein paar Schlucken runter. Der

Russe schien keine Eile zu haben, machte es sich gemütlich und zündete sich ein Zigarettchen an, schmauchte ein paar Züge vor sich hin, bevor er es weiterreichte.

»Das ist ein schöner Schmuck«, wandte ich mich an Michail, im Versuch, ein Gespräch anzuleiern.

»Ja, nicht?«, stimmte Rainer zu, noch bevor der andere antworten konnte. »Ein Alexandrit. Voll russisch! Das Geile ist, dass der die Farbe ändert, oder, Michail?«

Michail nickte, inhalierte den Rauch, blies ihn dann genießerisch langsam aus, eine perfekte, dünne, fast waagrechte Rauchlinie. »Ja«, meinte er nur.

»Er ist rot bei Kunstlicht und grün bei Tageslicht.« Rainer wollte sein Wissen unbedingt mitteilen.

Michails Handy plärrte los, und genau wie Rainer es beschrieben hatte, war der Mann sofort nüchtern, stand auf und holte das Ding aus seinem Sakko. Stellte sich an die Fensterfront, nackt, wie er war, ein Stück von uns weg. Quatschte auf Russisch, ganz sachlich, entspannt, kratzte sich an Brust und Bauch dabei, starrte aufs Gebäude gegenüber. Es war ihm scheißegal, ob ein Nachbar ihn so sehen konnte. Fuck, ich konnte verstehen, dass Danylo auf ihn reingefallen war. Ein echt cooler Typ!

Dann horchte ich auf. Hatte ich »Tolik« gehört? Den Namen des Bruders? Ja, jetzt war es deutlich zu verstehen. Verdammt, er quatschte mit dem Kerl, der die Ladung von Harry hatte! Michails Stimme klang erregter jetzt. Gab es Probleme? Ich verstand Budapest und glaubte, mehrfach »Győr« zu hören, den Namen einer Stadt auf der Route nach Budapest, nicht weit von Bratislava entfernt. Aber sicher war ich mir nicht bei dem Wortschwall.

Ausgerechnet da klingelte auch mein Handy! Ich sprang auf, es könnte ja Harry mit neuen Nachrichten sein, oder Danylo. SERGIU las ich den Namen auf dem Display. Eine Sekunde zögerte ich noch, aber Michail war immer noch am Telefonieren, und Rainer träumte mit geschlossenen Augen vor sich hin, wippte entspannt zum Takt der Elektromusik, die er angemacht hatte. Also verzog ich mich in den Flur und ging ran.

»*Hi, sexy*«, fing der geile Rumäne an, meinte, er habe gesehen, dass ich gestern in München online war. Ob ich morgen auch dort sein würde.

»*Yes, why?*«

Er war unterwegs dahin. Fragte, ob ich Zeit hätte. Und Lust.

Ich wusste nicht, was ich sagen sollte. Da war immer noch die Frage, ob er in der Sache mit drinhing. Vielleicht wäre ein Treffen ganz brauchbar, um das herauszufinden. Vielleicht sogar mehr, falls Danylos Verdacht stimmte. Ich antwortete zögernd, dass ich keine Ahnung hätte, wann ich mit der Arbeit fertig sein würde, für danach hatte ich erst mal einen Parkplatz gebucht.

»*Okay. Call me*«, sagte er, hörbar enttäuscht von meiner fehlenden Begeisterung, fügte noch hinzu, dass es schön wäre. Weil es beim letzten Mal so *hot* gewesen sei.

»Okay«, sagte ich noch, dann legte ich auf. Sammelte mich einen Moment, bevor ich zurück ins Wohnzimmer ging.

Michail machte sich an der Bar zu schaffen, Rainer stand auf und meinte, er würde kurz ins Bad gehen.

»Willst du auch noch einen Drink?«, fragte mich der Russe. Überraschend nett von dem Macho.

»Ja, gern«, meinte ich, wollte es ihm aber nicht zu leicht machen. »Gibt's Gin Tonic?«

»Okay«, überlegte er. »Mal sehen …« Ich sah ihm zu, wie er – noch immer nackt – den Drink mixte, alles sehr routiniert, alles ganz geschmeidig. Obwohl er nicht immer gleich alles fand, was er brauchte, blieb er völlig souverän, jede seiner Bewegungen beherrscht, beinah elegant. Er war schon wirklich beeindruckend! Sich selbst schenkte er einen Whisky mit Eis und Wasser ein. Im Vorbeigehen reichte er mir mein Glas und setzte sich dann auf die Ledercouch, schien über irgendwas nachzudenken.

»Alles gut?«, fragte ich und setzte mich neben ihn.

»Ja, warum?« Er sah mich verwundert an.

»Na ja, es klang so, als ob es Probleme gibt«, antwortete ich vorsichtig. »Am Handy vorhin.«

Michail nickte. »Keine Probleme. Alles bestens.« Er nippte an seinem Glas.

Ich ließ das Thema besser fallen.

»War echt geil, richtig heftig geil«, lenkte ich wieder auf das Thema Sex um.

Michail nickte nur wieder, schwieg und starrte in den Drink. Klar, dass er keinen Bock auf Small Talk hatte. Trotzdem, irgendwie musste ich ja weiterkommen …

»Die kleine Bottombitch ist echt ein devotes Luder, was? Richtig klasse.«

Mit einem eiskalten Grinsen sah er mich an. »Ich kenn bessere«, meinte er trocken.

Darauf fiel mir nichts ein. Wollte er angeben? Jetzt war es an mir zu schweigen.

»Du stehst auf devote Schlampen?«, hakte er nach. Das klang durchaus interessiert, was mich überraschte. Anscheinend war er erst jetzt wirklich in unserem Gespräch angekommen.

»Ja, klar«, antwortete ich unverbindlich.

»Du bist ein guter Typ. Ich hätte Bock, mit dir zusammen mal ein anderes Luder ranzunehmen. Eine richtige Sklavensau. Hier in München.« Donnerwetter, der Mann redete nicht lang drum rum.

»Das wär geil«, hörte ich mich sagen, noch bevor ich darüber nachgedacht hatte.

Jetzt war Michail wirklich interessiert. Er beugte sich vor, ich tat es ihm nach, wir steckten unsere Köpfe zusammen wie bei einem konspirativen Treffen.

»Hast du morgen tagsüber Zeit?«, frage er im Flüsterton, obwohl wir noch immer allein im Zimmer waren.

Ich nickte. Wir sahen uns in die Augen, ich versuchte herauszufinden, was in dem Kerl vorging. Doch sein Blick blieb kalt, prüfend, er wollte wohl überzeugt werden, dass ich brauchbar wäre. Für was auch immer er plante.

»Gut. Dann gib mir deine Handynummer. Ich melde mich so gegen zwölf. Wenn du willst, können wir um eins oder halb zwei loslegen.«

Mein Blick schweifte von seinem Gesicht ab, ich nickte wieder stumm. Er stieß mich mit der Schulter an.

»Es wird dir gefallen«, wollte er mich ermuntern. »Ist echt ein geiler Typ. Und sieht verdammt gut aus.«

»Okay.« Ich war im Moment so was von ungeil und

konnte mir nicht vorstellen, morgen Mittag schon wieder in Hochform zu sein. Aber da gab es noch den armen Harry. Was tat man nicht alles für einen guten Freund …

Danach passierte nicht mehr viel. Rainer gesellte sich zu uns, wollte noch ein bisschen mit unseren Füßen spielen, und wir ließen ihn eine Weile gewähren. Doch während wir ihm dabei zusahen, wie er abwechselnd erst meine, dann Michails Füße leckte und an den Zehen saugte, wollte sich kein rechtes Gespräch zwischen uns entwickeln, die Stimmung sackte irgendwie ab. Der Russe war viel zu sehr mit seinen Gedanken woanders, und auch ich hatte eigentlich keine Lust mehr, den Abend noch unnötig in die Länge zu ziehen.

Darum brach ich als Erster auf, während Michail sich ebenfalls anzog und zum Gehen bereit machte.

Dann war ich draußen. Uff!

Ich rief gleich Danylo an, berichtete ihm von dem Treffen, jedenfalls alles, was für unsere weiteren Pläne wichtig sein konnte. Am bedeutendsten war natürlich, dass wir nun sicher waren, am richtigen Mann dran zu sein.

»Er will sich morgen noch mal mit mir treffen«, berichtete ich.

Schweigen.

»Danylo?«

»Sex?«, fragte er nur.

Das brachte mich total aus der Fassung. Ich stotterte rum, wollte ihm nicht unbedingt erzählen, was wirklich geplant war, quatschte was von »nur reden« und »will mir was zeigen« und solchen Mist. Natürlich roch Danylo den Braten, lachte mehrfach sarkastisch, aber ich gab nichts zu.

Am Ende wusste ich ja selbst nicht, was genau passieren würde. Nur, dass ich den Kerl noch mal treffen würde.

Danylo seufzte resigniert.

»Okay«, sagte er, »aber pass auf dich auf.«

## MÜNCHEN, TAG X:

# Von Bullen, Knarren und Käfigen

Seine Worte hallten in mir nach, als ich mit dem Taxi zum Treffen mit dem Russen unterwegs war und verträumt aus dem Fenster schaute. Pünktlich um zwölf hatte ich den Anruf erhalten und erfahren, wohin ich kommen sollte. Mein Herz klopfte schneller, als wir durch ein Industriegebiet fuhren und vor einem Werksgelände stehen blieben.

»Hier?«, fragte ich den Fahrer und sah mich irritiert um. Ich hatte ihm einfach die Adresse gegeben, in der Erwartung, vor einem Wohngebäude zu landen. »Hier ist das?« Es kam mir komisch vor. Nirgendwo ein Firmenschild zu sehen.

»Ja«, meinte er und bestätigte noch einmal Straße und Hausnummer.

Ich zahlte und stieg aus. Ein mulmiges Gefühl überkam mich, als ich die kleine Tür rechts in dem massiven Stahltor öffnete. Sie war unverschlossen, und auf dem weitläufigen Gelände dahinter kein Mensch zu sehen. Irgendwas war hier oberfaul! Ein paar Hallen, ein lang gestrecktes, flaches Gebäude, ein großer, gepflasterter Hof, alles recht verwahrlost. Gräser und Unkraut wuchsen zwischen den alten, brüchigen Pflastersteinen. Zwei rostige LKWs standen in einiger Entfernung. Könnte eine Spedition sein, oder eine ehemalige, das würde ja passen. Wo steckte der Kerl? War er überhaupt da, oder warteten um die nächste Ecke einige seiner Schergen, um mich zu überfallen, zu foltern und umzubringen? Auweia, auf was für eine Scheiße hatte ich mich da nur eingelassen?

Ich ging am Gebäude entlang zu den Hallen. Niemand da, die Büros schienen nicht genutzt zu werden, kein Licht, bei einem waren die Fenster eingeschlagen. Ich sah mich nervös um, ging weiter. Das Tor der zweiten Halle stand weit offen, und da, an einem Tisch, saß Michail, hinter einem Laptop. Er klappte ihn schnell zu, als er mich wahrnahm. Ich blieb stehen. Er sprang auf und kam zu mir, sah merkwürdig verändert aus in seiner Militärkluft, wahrscheinlich ein russischer Kampfanzug oder so was, oliv mit aufgesetztem Flecktarnstoff an Beinen und Schultern.

»Ah, Chris, wie schön!« Das strahlende Lächeln, das er dabei zeigte, machte mich misstrauisch. Ich nickte nur und rührte mich nicht. Er nahm mich am Arm und führte mich in die Halle, am Tisch vorbei, bis wir vor einem Spind standen.

»Warst du beim Militär?«, fragte er und suchte ein paar Sachen aus dem Spind zusammen, legte sie auf den Tisch. Machte dabei eine Miene wie ein Kind, das einem Freund seine Spielsachen vorführt. »Und? Warst du?«

»Ja, aber nur zwei Jahre. Das war nichts für mich«, antwortete ich zögernd. Nur ungern dachte ich an damals zurück. Kommentarlos die Befehle irgendeines Idioten zu befolgen, das entsprach nicht meinem Temperament, darum war ich nicht besonders geeignet für den Beruf. Und hatte das dann auch zu spüren bekommen, bis ich endlich wieder raus war aus der Nummer.

»Ah, das war meine schönste Zeit«, schwärmte Michail. »Die Kameradschaft. Die Tage und Nächte bei den Übungen irgendwo in der sibirischen Taiga. Das Schießen.« Er deutete auf die Kleider und Stiefel. »Hier, zieh das an.«

»Warum?« Es kam mir dämlich vor, mich zu kostümieren.

Er lachte wieder, laut und überschwänglich, schlug mir gegen die Schulter.

»Na weil wir spielen wollen, Chris! Wir sind zwei geile *солдаты (soldaty)*, die was zum Ficken brauchen. Eine dreckige Homonutte, die sich von uns durchnehmen lässt. Die unsere Schwänze lutscht, unsere Pisse säuft!«

Er merkte, dass ich mich nicht mitreißen ließ.

»Was ist los?«, fragte er nach. »Hast du keine Lust, mein Kamerad zu sein?«

So komisch es war, aber der Ausdruck in seinen Augen rührte mich. Es war etwas Flehendes darin, wie die beinah ängstliche Bitte um die Hilfe eines Freundes, das war nicht gespielt. Ich hatte das Gefühl, dass er mich ernsthaft brauchte, als Freund, als Kameraden, vielleicht nur für diese Sache hier, vielleicht auch für mehr. Dieses Fünkchen Verletzlichkeit in seinem Blick reichte aus, einen Schalter in mir umzulegen. Ich machte mich tatsächlich daran, meine Klamotten auszuziehen.

»Was für einen Rang habe ich?«, fragte ich sachlich.

Er lachte erfreut und schlug mir schon wieder gegen die Schulter.

»So gefällst du mir. Nein, wir sind keine Offiziere, wir sind beide nur ganz gewöhnliche *рядовые (ryadovóyje)*, wie heißt das bei euch?«

»Gefreite. Wir sind Gefreite«, antwortete ich. »Sind wir nicht zu alt für Gefreite? Sollten wir nicht wenigstens Offiziere sein?«

»Neeein«, sagte er breit und kam näher, schloss mich theatralisch in die Arme und küsste meine Wange. »Wir sind nur ganz normale Soldaten«, raunte er mir ins Ohr. »Aber wir sind immer noch mehr als der Frischling, der da unten auf uns wartet.« Er nahm mein Gesicht in seine Hände und sah mir in die Augen wie bei einem verschwörerischen Bund. Legte seine Stirn an meine.

War er verrückt? Hatte ich es mit einem Irren zu tun?

»Den können wir fertigmachen«, erklärte er leise, ohne seinen Blick und die Hände zu lösen, streichelte meine Ohren. »Wir können mit ihm machen, was wir wollen. Er muss alles tun. Verstehst du?«

Er küsste mich, warm und zärtlich, ohne Zunge. Obwohl er kleiner war als ich, kam ich mir ausgeliefert, machtlos vor. Insgeheim hatte ich immer noch Angst, in einer Falle zu stecken, wartete immer noch auf einen Angriff, auf andere Kerle, die mich überfallen würden. Doch mit seinen Händen, die an meinem Körper entlangfuhren, und mit seinem Mund, seinem Atem, seinem Verlangen, das ich als dicke Beule an meinem Schritt fühlen konnte, spülte er meine Ängste fort. Es fühlte sich nicht mehr nach einer Bedrohung an, eher nach etwas total Verrücktem. Nach Lust und Männerfreundschaft und Abenteuer und Geheimnissen, umso mehr, je länger er mich in den Armen hielt. Nach und nach erwiderte ich seine Küsse, und bald küssten wir uns leidenschaftlicher und mit Zunge.

Dann ließ er mich los, und ich zog mir den Kampfanzug und die Stiefel an.

»Ach, das wird wunderbar.« Michail klatschte in die Hände. »Wir werden so viel Spaß haben. Du siehst gut aus! Richtig gut!« Er kam wieder ran, schlug mir auf Brust und Schulter, schien sich ehrlich zu freuen bei meinem Anblick in Uniform.

Ich versuchte, mir nicht allzu albern vorzukommen, versuchte, mich wieder hineinzufühlen ins Soldat-Sein, wollte es ernst nehmen. Es wenigstens probieren.

Das mit dem Ernstnehmen ging mir dann gleich zu weit, denn Michail holte zwei Sturmgewehre aus dem Spind und warf mir eins davon zu. Reflexartig fing ich es auf. Eine Kalaschnikow AK-12. Mir wurde schlecht.

»Sind beide nicht geladen«, meinte Michail amüsiert.

Fachmännisch überprüfte ich seine Aussage. Kontrollierte Magazin und Lauf. Leer. Michail schien zufrieden mit meinen Handgriffen.

»Du kennst dich gut aus, Soldat«, lobte er mich.

Ich sah ihn an, atmete durch. »Was jetzt?«

»Jetzt, mein Freund, trinken wir was.«

Was anderes als Wodka kam natürlich nicht infrage, die Flasche stand schon in der leeren baufälligen Halle bereit. Wir reichten das Gesöff hin und her. In russischen Kampfanzügen, die Kalaschnikow geschultert, hoben wir abwechselnd die Flasche zum Mund und schluckten das ätzend scharfe Zeug runter, bis die Pulle halb leer war. Dann erst stellte Michail sie auf den Tisch, wischte sich über den Mund und grinste mich an. Ich grinste zurück, fühlte, wie sich die Alkoholhitze in meinem Inneren ausbreitete. Nicht unangenehm …

»Es ist unten«, sagte Michail unvermittelt, deutete auf den Boden.

Ich glotzte ihn nur an, hatte keine Ahnung, was er meinte.

»Na der Keller. Der Sklavenkeller. Da gehen wir jetzt runter.« Er kam zu mir rüber, legte mir eine Hand auf die Schulter, brachte mit der anderen meine Stirn wieder an seine. »Okay, Kamerad? Lass uns die geile Schlampe da unten fertigmachen. Die braucht das. Okay? Die will das.«

»Sieht er gut aus, der dreckige Ficksklave?« Obwohl ich angetrunken war, fühlte ich mich immer noch unwohl in meiner Rolle, bei diesen Worten.

Michail fasste mir in den Nacken und brummte, ein tiefes Brummen, das über die Stirn in meinen Schädel drang, in meinem Kopf, in mir vibrierte.

»Jaaaahhh«, kam es im tiefsten Bass, »ein heißer, wilder Ficksklave. Mit heißen, hungrigen Löchern.«

»Geil.« In meinem Hirn ein Blitzgewitter von geilen Bildern. Bilder, wie ich sie in irgendwelchen Hardcore-Pornos gesehen hatte, kurze Szenen, nach denen ich bald weitergezappt hatte, weil es mir zu viel gewesen war. Nicht wirklich meine Baustelle. Aber jetzt …

Ich konnte mich ein Stück weiter auf das Spiel einlassen, merkte, dass mein Schwanz sich meldete. Michail küsste mich wieder, rieb seine Beule an mir, ich konnte spüren, dass sein Prügel schon dick war. Nicht hart, aber dick. Ich fasste dran, er an meinen. Er brabbelte irgendwas auf Russisch, rotzte mir plötzlich ins Gesicht. Ich rotzte einfach zurück. Er lachte geil und stieß mich weg, wiederholte die Sauerei aus der Distanz, ich ebenfalls, und noch einmal, wobei wir uns wieder an unseren Beulen packten und in einer Art Gerangel ein Stück weit durch die Halle taumelten.

Dann riss er mich zu Boden, so geschickt, dass ich es gar nicht mitbekam und trotzdem relativ sanft landete. Schon lag er auf mir, lang und schwer, drehte sich, zog mich lachend mit sich, wir drehten uns wieder und wieder, wälzten uns im Staub und Dreck auf dem Hallenboden. So bizarr das auch war, es machte mir auch Spaß. Darum lachte ich genauso blöd wie Michail bei dem Quatsch, den wir da veranstalteten. Schließlich blieben wir beide nebeneinander auf dem Rücken liegen und lachten wie zwei Idioten.

Michail kam als Erster wieder raus aus der Nummer, stand auf, klopfte sich den Dreck von den Klamotten und half mir dann auf, zog mich einfach hoch und an sich, umarmte mich fest, drückte sich an mich. Und ich machte mit, keine Fragen, keine Gedanken, nur machen, nur den Mann drücken.

Er lässt mich plötzlich los, seine Hand schnellt hoch, er schiebt mir seinen Daumen in den Mund, lässt ihn drin, hält mich mit dem anderen Arm fest, ich kann nicht weg. Ich schmecke Staub, will angewidert ausspucken, aber noch immer ist der Daumen drin, an meiner Zunge, in meinem Mund. Der Kerl lächelt, nickt mir auffordernd zu, will, dass ich an seinem Daumen lutsche, warum auch immer. Der meiste Dreck ist eh schon weg, also sauge ich tatsächlich daran, spiele mit meiner Zunge an der Kuppe, bis er den Finger endlich rauszieht.

Ich grinse ihn an. Was dem alles einfällt! So ein perverses, geiles Schwein! Er grinst zurück. Sein Gesicht scheint zu glühen. Ganz plötzlich ist da so ein Leuchten in den Augen. Das Grinsen wird zu einer Fratze, aber nicht beängstigend, eher verführerisch, lockend. Und grün. Das Gesicht, die Fratze ist grün! Gleichzeitig fühle ich, wie ein Hitzeschwall durch mein Nervensystem rauscht.

»Es wird dir seeehr gut gehen gleich«, höre ich die Fratze sprechen, eine angenehme, tiefe Stimme. »Die kleine Dosis macht dich bestimmt richtig geil, Kamerad. So richtig geil.«

Trotz meiner Verwirrtheit wird mir klar, dass er mir eine Droge verpasst hat. Der Daumen! Ich starre die Fratze an. Sie kommt näher. Hände in meinem Nacken. In meinem Schritt.

»Bist du geil, Kamerad?« Die Hände massieren den Ständer in meiner Hose.

Ich nicke nur. Kann nicht sprechen.

»Willst du ficken? Ja? Willst du ficken, Kamerad?« Die Stimme ist sanft, beruhigend, verspricht die Erfüllung aller Wünsche.

Ich merke, wie ich mich komplett entspanne. Als ob durch ein Ventil alles ausströmt, alle Sorgen, alle Ängste, alle Gedanken. Ich fühle nur noch meinen Körper. Die Klamotten an mir. Die Stiefel an meinen Füßen.

»Ja, Kamerad«, antworte ich, muss schwer atmen, aber mit jedem Atemzug geht es mir besser, kann ich den

Zustand mehr annehmen, genießen, ich hole tief Luft. »Ja, lass uns ficken, Kamerad.«

Durch die Halle. Eine Treppe runter. Kühl hier unten und niedrig, die Decke nicht weit über meinem Kopf. Ein langer Gang, spärlich beleuchtet von einer einzelnen nackten Glühbirne.

Ein größerer Raum, nur Licht in einer Ecke weiter hinten, türlose Zugänge an mehreren Seiten. Der Boden teilweise mit Geröll und Schutt bedeckt. In der Mitte ein hüfthoher Käfig. Und darin kniet auf allen vieren ein Ding, ein Wesen, reglos, bei der Beleuchtung kaum auszumachen …

Michail geht zielstrebig darauf zu. »Na, freust du dich, uns zu sehen, Sklave?«, ruft er in den Raum hinein.

Das Wesen zuckt zusammen, antwortet laut: »Ja, Meister.« Eine raue Männerstimme.

Langsam erkenne ich, dass der Typ im Käfig einen schwarzen Gummianzug anhat, so eine Art Body, nur die Arme und Beine sind nackt, bis auf umgeschnallte Knieschoner und breite Ledermanschetten um die Handgelenke. Er bewegt sich, Ketten rasseln. Der Typ ist im Käfig angekettet! Hebt seinen Kopf, eine schwarze Gummimaske, Löcher für Mund und Augen.

»Bist du schon richtig schwanzgeil, du Sklavensau?«, kommt es wieder laut von Michail.

»Ja, Meister. Ich will Schwänze. Ins Maul. In den Arsch.«

»Du kriegst jetzt erst mal meine Pisse«, knurrt Michail und holt schon seinen Schwanz aus der Hose. Ich sehe zu, wie er zwischen zwei Gitterstäben durchpisst und der Sklave versucht, den Strahl mit seinem weit aufgesperrten

Maul aufzufangen. Dann hört Michail auf zu pissen, steckt eine Hand in den Käfig, ein paar Finger ins vollgepisste Sklavenmaul. Schiebt sie tiefer, der Typ würgt. Michail zieht die Hand raus und scheuert ihm eine. Wieder schiebt sich die Hand ins offene Maul, während Michail versautes Zeug redet, wie hungrig der Sklave ist, wie er gleich fertiggemacht wird von ihm und seinem Kameraden, wie seine Löcher gestopft werden und lauter so Sachen. Eine ganze Weile muss der Sklave mit der Hand kämpfen, kriegt immer wieder eine hinter die Ohren, wenn es nicht gut genug klappt, bleibt aber dran und strengt sich richtig an.

Das mit anzusehen, dazu der runtergekommene Raum, in dem das Gurgeln und die kurzen Schreie des Gummisklaven verhallen, Michails Gestalt, wie er da am Käfig steht in Uniform mit Knarre, den Sklaven zum bettelnden Fickstück macht, ihm seinen Willen aufzwingt – das macht mich scharf. Mein Schwanz ist beinhart. Ich will unbedingt ficken! Schnell hole ich ihn raus, wichse ihn …

»Los, du dreckiger Sklave, blas meinem Kameraden den Schwanz!«, befiehlt Michail und macht mir Platz.

Der Typ kommt näher, die Ketten rasseln bei jeder Bewegung, er kniet direkt vor mir jetzt, ich sehe das aufgesperrte Maul, eine feuchte, rote, zuckende Öffnung aus Fleisch. Darin die lockende Zunge, ein bettelnder Blick aus den Gummilöchern. Ich schiebe einfach meinen Steifen rein in das Loch und fühle mich sofort sauwohl.

»Ja, du geile Drecksau, lutsch an dem dicken Schwanz«, höre ich mich sagen. Ich halte mich am Gitter fest, ramme der Sklavenfotze mein Ding richtig rein, greife an den Gummischädel, verpasse ihm einen gnadenlosen *Deep-*

*throat*-Fick. Es kommt mir vor, als ob mein Schwanz doppelt so dick, doppelt so hart wäre wie sonst, darum ist es noch geiler, dass die Maulfotze so gierig und gängig ist und so willig. Der Kerl gluckst und spuckt dabei, bleibt aber brav weiter dran, und rein und rein und rein, aaah! Ist das eine hungrige Schlampe! Wie aus dem Nichts überwältigt mich die Geilheit, und ich spritze in dem Schluckmaul ab, noch mal – und noch mal – und noch mal, ich komme, als wär's mein letztes Mal!

Von dem plötzlichen Orgasmus überrascht, trete ich zurück, während der Sklave noch immer mein Sperma schluckt, das Maul und die Maske schmierig von der Soße.

Michail lässt ihm nicht viel Zeit, kommt ran und schlägt ihm links und rechts mehrfach auf die Wangen. Gibt ihm dann seinen Schwanz zu lutschen, schiebt ihn rein in den willige Sklavenschlund, fickt rein in die Spermafresse, beschimpft und schlägt das Luder dabei.

Mein Schwanz ist noch genauso hart wie vor dem Abspritzen, ich hab den Orgasmus gar nicht richtig mitgekriegt, bin noch genauso geil wie vorher. Ich will schon wieder ficken, oder immer noch. Mit ein paar Schritten gehe ich ans andere Ende des Käfigs. Sehe das Loch im Gummi, in dem ein langes rotes Ding steckt. Die Sau hat einen Dildo drin!

Michail merkt, was ich vorhabe, und befiehlt dem Sklaven, den Arsch näher ans Gitter zu schieben, was der sofort tut, weiterhin bemüht, den Schwanz im Maul zu behalten. Wieder scheppern die Ketten, und der Typ gibt jammernde Stöhnlaute von sich, bis eine Ohrfeige von Michail das Geplärre stoppt. Schließlich ist der Gummiarsch in

Reichweite, presst sich gegen die Gitterstäbe. Ich kann gar keine Konturen ausmachen, es ist wie eine schwarz glänzende, wabernde Kugel. Und in der Mitte der Kugel steckt dieser rote Kunstschwanz, ein ziemliches Kaliber.

Ich packe das Teil und ziehe es langsam raus. Der Typ stöhnt wollüstig. Ich ziehe und ziehe, und es nimmt kein Ende. Als es endlich rausflutscht, ist das Ding so lang wie mein Unterarm und dicker als mein Schwanz. Mein Verstand will für einen kurzen Moment den Vorgang analysieren, aber die nächste Rauschwelle fegt die Absicht hinweg. Stattdessen führe ich den roten, biegsamen Dildo erneut ein, schiebe ihn in die klaffende Möse im Gummiball, schiebe ihn tiefer und tiefer, höre das gedämpfte Stöhnen wieder, schiebe weiter, es ist, als ob der Kunstschwanz eingesaugt wird, bis ich auf einen Widerstand stoße.

Ein paarmal gebe ich Druck gegen diesen Widerstand, die Aktion lässt den Sklaven vor Geilheit stöhnen, aber tiefer komme ich nicht, wiederhole das Rein und Raus noch einige Male, kann den Blick nicht lösen von dem Zauberloch im schwarzen Gummi. Dann schiebe ich drei Finger rein – verdammt, heiß wie die Hölle und weich und warm wie tausend Engelszungen! Mein Schwanz muss da rein, muss das fühlen, sofort! Rein!

Mit langsamen Strichen genieße ich das Wohlgefühl, wie der Schaft vom Fickfleisch umschmiegt wird, wie der Ringmuskel an der Eichel saugt, als ich meinen Prügel rausziehe. Es ist unmöglich, nicht sofort wieder einzutauchen in diese geile Wonne. Die peitschende Lust von vorhin ist einem konzentrierten, beinah distanzierten Genuss gewichen. Ich halte mich am Gitter fest und messe das Loch mit beherrschten Stößen in allen Dimensionen aus, ramme von unten rein, von oben und von jeder Seite, stoße auf nichts als weiches, warmes Fotzenfleisch.

Jedes Gefühl für Zeit vergeht, die seltsamsten Bilder verselbstständigen sich bei dem Fick, die schönsten Erinnerungen vermischen sich mit dem Anblick des schmatzenden, gierigen Lochs, mal ficke ich diesen, dann jenen Mann aus der Vergangenheit, manchmal sogar ganz obskure Fantasiegestalten. Dabei scheint mein Schwanz unerschütterlich, wie aus Beton, und nimmt doch jedes kleinste Vibrieren wahr und schickt das Gefühl durch jede Nervenfaser.

Ich wache aus dem angenehmen Zustand auf, weil Michail mich sanft wegführt, zu einem großen gepolsterten Kasten, an dem ich bequem lehnen kann. Er küsst mich. Seine Lippen fühlen sich wunderbar an, seine Augen leuchten wie zwei Monde hinter einer matten Scheibe, verschwommen, mild und geheimnisvoll. Ich spüre seine Hand an meinem Schwanz, fasse an seinen. Oh Mann, ist der dick! Und hart! Ich will sehen, wie er in dem Loch verschwindet, will sehen, wie es ihm Genuss verschafft. Also ziehe ich Michail zurück zum Käfig und führe den dicken Prügel ein, beobachte abwechselnd den Vorgang und Michails Gesicht, kann erkennen, wie es ihn anmacht. Irgendwann trete ich hinter ihn, lehne mich an ihn, lasse meinen Körper im Gleichklang mit den Stößen mitschwingen, bin an der Lust beteiligt, schneller jetzt, die Stöße, ich will es auch, ja, mach schneller!

Doch Michail bricht ab und führt mich erneut zu dem Polsterkasten, lässt mich dort und geht zum Käfig, öffnet ihn, holt den Gummisklaven raus. Noch immer kann ich kaum die Umrisse erkennen, aber der Kerl scheint mir kleiner, als ich erwartet hätte. Jedenfalls ist er kleiner als Michail, und er hat wohl auch einen ziemlichen Bauch. Oder täusche ich mich? Michail dirigiert ihn an eine Stelle, wo lange Stahlketten von der Decke hängen, fixiert die lang gestreckten Arme daran und geht mit langsamen, schweren Schritten um den Gefesselten herum. Der Sklave winselt leise. Michail grinst mir zu und winkt mich zu sich …

Ich wachte in einem fremden Bett auf, hatte keine Ahnung, wo ich war. Es sah nach einem Hotelzimmer aus, allerdings nach einem ziemlich teuren. Jetzt registrierte ich den Sound von Robert Miles' *Children*, die markanten Elektro-Beats waren mein Klingelton. Ziemlich laut, und das Handy hatte sich wahrscheinlich schon eine ganze Weile gemeldet, so kam es mir vor, und mich schließlich geweckt. Ich fasste mir an den Brummschädel und bemühte mich, meinen Blick scharf zu stellen. Ja, da lag es, auf einem Sessel bei meinen ordentlich zusammengefalteten Klamotten. Bevor ich mich fragen konnte, wer das getan hatte und warum ich nur meine Unterhosen anhatte, griff ich danach.

SERGIU.

Es war mir unmöglich, den Anruf anzunehmen, selbst wenn ich es gewollt hätte. Und ich wusste nicht, ob ich das wollte, schon gar nicht in meinem momentanen Zustand. Ich wartete, bis mein AB dranging. Seine Stimme erklang.

*»This is Sergiu. Again. Just wanted to try again. Miss you.«* Damit legte er auf.

Er vermisste mich? Ich konnte sehen, dass er schon

vorher probiert hatte, mich zu erreichen. Dreimal. Es war 9.38 Uhr. Ach du Scheiße! Welcher Tag?!

Schon wieder *Children*! Diesmal mit Profilbild, es war Danylo. Ich zögerte eine Sekunde, dann atmete ich durch und ging ran.

»Ja?«

»Wo bist du?« Seine Stimme klang nicht aufgeregt, eher sachlich.

»In einem Hotel.« Auf die Schnelle fiel mir keine Lüge ein.

»Mit Michail?« Der Tonfall anders jetzt, äußerst interessiert. Ach ja, Harrys geklaute Ladung! Der Russe! Ich musste mich anstrengen, mir das Thema wieder ins Bewusstsein zu holen. Hatte schräge Flashbacks dabei. Ich im Kampfanzug. Michail, wie er mich küsst. Ein Käfig …

»Er ist nicht da«, antwortete ich kryptisch, hoffte, keine Details erklären zu müssen. Wie auch?

»Bist du noch an ihm dran?«

»Ja. Was gibt's Neues?«

Die Ablenkung gelang, zumindest vorerst.

»Die Polizei verfolgt Hinweise, nach denen die Kerle Richtung Wien gefahren sind, wahrscheinlich sogar Bratislava. Das deckt sich auch mit einigen Aussagen von Kumpels aus dem Chat. Die Polizei kann nichts machen. Jedenfalls nicht, bis das auf internationaler Ebene geklärt ist. Bis dahin sind die Diebe über alle Berge. Wenn sie erst mal in Russland sind, haben wir keine Chance mehr.«

Ich schaffte es, mich wieder an unsere Mission zu erinnern und an das, was ich gehört hatte. Vielleicht war es ja wichtig.

»Es könnte sein, dass die irgendwo feststecken. Michail hat mit ihnen telefoniert, glaube ich, oder mit einem von ihnen, vielleicht sogar mit diesem Tolik.«

»Echt? Haben sie über die Ladung gesprochen? Die Fahrzeugteile?« Danylo war ganz aufgeregt.

»Ich bin mir wirklich nicht sicher«, versuchte ich, ihn runterzuholen. »Sie haben natürlich Russisch gesprochen. Aber es könnte sein. Wenn es dieser Tolik war, dann kann es ja nur um die Ladung gegangen sein, und sie haben sich ziemlich gestritten. Jedenfalls klang es so. Und wenn ich richtig gehört hab, dann fiel das Wort Győr ein paarmal.«

»Győr? In Ungarn?«

»Ja.«

»Hinter Bratislava, an der E60 nach Budapest«, murmelte Danylo nachdenklich. »Das könnte stimmen, von der Fahrzeit her. Wann war das?«

Die Rechenaufgabe kostete mich Zeit und Schweiß … »Vorgestern Abend. So gegen zehn.«

»Das ist lange her. Meinst du, die stecken da noch? Warum? Warum können sie nicht weiter?«, hakte Danylo nach.

»Ich weiß es nicht. Es ist auch nur so eine Vermutung«, antwortete ich lahm. Mann, diese Flashbacks!

»Okay, bleib an ihm dran.« Ich hatte echt Glück, dass Danylo nicht weiterbohrte, was in der Zwischenzeit passiert war.

»Was hast du vor?«, fragte ich.

»Mal nachdenken«, sagte Danylo, »ich lass mir was einfallen.« Damit legte er auf.

Mann, ich musste unbedingt wieder einen klaren Kopf

kriegen! Ich ging ins Bad und klatschte mir am Waschbecken kaltes Wasser ins Gesicht, trank aus der hohlen Hand einen Liter, fühlte mich vollkommen ausgetrocknet. Es ging mir langsam besser, ich beschloss, mich unter die Dusche zu stellen. Das würde sicher helfen.

Der kräftige Strahl prasselte auf meine verspannten Muskeln, das heiße Wasser tat gut, ich ließ mich eine ganze Weile berieseln. Trocknete mich dann mit dem superflauschigen Handtuch ab, schlüpfte in den bereithängenden Bademantel und ging zurück ins Zimmer, unschlüssig, wie es weitergehen sollte. Da entdeckte ich einen Zettel auf dem Boden. Er hatte wohl auf dem Kleiderstapel gelegen und war vorhin heruntergefallen, als ich das Handy genommen hatte. Ich hob ihn auf.

*Das war genial mit dir! Appetit auf mehr?*

*Ruf mich an.*

*Michail*

Eine schriftliche Notiz? Wie oldschool.

War ich schon wieder bereit für ein Treffen mit dem Russen? Es fiel mir schwer, mich zu entscheiden. Aber Danylo hatte sicher recht. »Bleib an ihm dran«, hatte er gesagt. Also dann … Ich wählte seine Nummer.

»Hi, Sonnenschein«, begrüßte mich Michail bestens gelaunt. »Du hast lange geschlafen, ich dachte, du wachst nie mehr auf.« Er lachte. »Geht's dir gut?«

»Ja«, brummte ich nur. »Wo bin ich überhaupt?«

Da ging meine Zimmertür auf, und der Russe kam rein, das Handy noch am Ohr.

»Du bist in meinem Lieblingshotel, in einem Zimmer genau neben meinem.« Er grinste selbstzufrieden und steckte das Handy weg. Kam zu mir rüber ans Bett, auf dessen Kante ich saß, nicht wusste, was ich sagen sollte, was ich von allem halten sollte. Ich hatte tausend Fragen. Stellte keine, sondern wartete, was als Nächstes passieren würde. Michail trug Jeans, ein weißes Hemd und ein Sakko, sah frisch und gut aus. Er setzte sich neben mich, nahm wortlos meine Hand, führte sie zum Mund und drückte einen sanften Kuss darauf. Ich sah ihm reglos dabei zu. Der Mann war wirklich aus einem anderen Jahrhundert.

»Du musst hungrig wie ein Löwe sein«, meinte er lächelnd, sein Blick war unverfänglich, ich konnte aus dem Kerl nicht schlau werden. »Nach all dem, was du geleistet hast. Du warst so wunderbar.«

»Ach ja?« Noch immer erinnerte ich mich nur schemenhaft. Aber Hunger hatte ich tatsächlich, merkte ich mit einem Mal.

Michail schlug mir freundschaftlich auf den Schenkel und stand auf. »Komm, *chéri*, zieh dich an, ich organisier dir was zu essen.«

Auf meine Frage hin erklärte er, dass wir im Hotelrestaurant essen würden. Er hatte bereits einen Tisch reserviert.

»Da können wir dann über alles reden. Oder hast du andere Pläne?«

Die Frage war sicher nur rhetorisch gemeint, denn bisher hatten ihn meine Pläne nicht besonders interessiert. Er hatte mich schlichtweg ausgeknockt! Ich musste wirklich lange geschlafen haben, aber wie lange, wusste ich nicht. Ein Abend und eine ganze Nacht fehlten mir in meiner Erinnerung. Aber ich hatte tatsächlich für heute bereits die

Pläne verschoben, musste mich nur mit meinem Onkel in Verbindung setzen wegen morgen und den nächsten Tagen. Wenigstens das Essen könnte ich noch über mich ergehen lassen, dann würde ich weitersehen.

Unser Gespräch während des Essens war allerdings recht aufschlussreich. Erstens erklärte Michail, dass das Zeug, das er mir gestern verabreicht hatte, eine Art Bullenhormon gewesen sei. Ein Neffe von ihm war Besitzer eines Rinderzuchtbetriebs, wo diese Hormone eingesetzt wurden, um die Stiere in Stimmung fürs Besteigen der Kühe zu bringen. Was durchaus funktionieren müsste, wenn ich an die rasende Geilheit dachte, die es bei mir verursacht hatte! Wie bei Til Schweiger in *Der bewegten Mann*. Aber total! Michail entschuldigte sich nicht wirklich für den miesen Trick, aber er kam regelrecht ins Schwärmen, wie heiß und scharf es mich gemacht hätte. Er streute ein paar Andeutungen ein, was wir alles getrieben hatten, und behauptete, schon wieder einen Ständer zu kriegen bei der Erinnerung daran. Darauf ging ich lieber nicht ein, beschäftigte mich lieber mit dem Essen.

Noch seltsamer wurde es allerdings, als Michail plötzlich ausholte und mir von einem Jugendfreund erzählte, den er sehr geliebt hatte. Der mir wohl sehr ähnlich gewesen war. Dieser Freund, Valentin, war bei einem Autounfall vor zwölf Jahren ums Leben gekommen. Michail beschrieb sein Aussehen, sein Wesen, Kleinigkeiten, an die er sich erinnerte, und es berührte ihn sehr, an den verlorenen Freund zu denken. Er weinte sogar, ganz kurz nur und still, aber er tat es.

Ich war immer noch nicht ganz klar, fühlte unterschwellig Nachwirkungen der Droge, die in Wellen von Zeit zu Zeit über mich hinwegrollten. Seine Erzählung drang wie durch Nebel zu mir, seine Gesten, sein Weinen beobachtete ich wie ein perfekt inszeniertes, befremdliches Schauspiel, ungläubig, staunend. Es hatte nichts mit mir zu tun.

Erst als er mich direkt ansprach, meine Hand dabei fasste, die auf dem Tisch lag, sie drückte, tauchte ich aus dem Nebel wieder auf. Der Name der ungarischen Stadt – Győr – hallte in mir nach, er war mehrfach gefallen.

»Was hältst du davon, Chris?«, fragte er, sah mich eindringlich an. »*Товарищ (tovarishch)*, Kamerad. Es wären nur ein paar Tage. Vier, höchstens fünf.«

Nach und nach gelang es mir, durch vorsichtiges Nachfragen die Geschichte zusammenzusetzen, die er mir gerade erzählt hatte und von der nur Bruchstücke bei mir gelandet waren. Ein Notfall. Ich sollte ihm helfen, einen Transport nach Russland abzuwickeln, oder jedenfalls bis vor der Grenze, bis zur ukrainischen Stadt Charkiw. Von dort aus würde ich ein Flugzeug nehmen und zurück nach München gebracht werden.

»Dass du Deutscher bist, macht die Sache einfacher«, meinte Michail. Zumindest für die Fahrt durch Ungarn und die Ukraine. »Und es ist wichtig, dass es schnell geht. Wir müssen heute noch los. Die Papiere sind schon fertig.«

Der Rest – ein plötzlich ausgefallener Fahrer, die Gründe, warum die Ladung so dringend erwartet wurde und wieso ausgerechnet ich ins Spiel kam, die dreitausend Euro Prämie, bar auf die Hand – war für mich Nebensache. Ich kam mir vor wie im falschen Film, einem Traum. War das wirklich wahr? Ging es hier tatsächlich um Harrys geklaute

Ladung? Alles, was ich kapierte, was mehr und mehr sackte und meinen Pulsschlag beschleunigte, war, dass das Ganze ernst wurde. Dass ich in der Sache auf eine Art drinsteckte, die mir Angst machte. Das waren Diebe, Verbrecher, keine Ahnung, zu was sie fähig waren. Selbst wenn ich den Auftrag annehmen sollte, damit war Harry noch lange nicht geholfen.

Ich wollte raus.

»Das ist alles nicht so einfach«, sagte ich schließlich, wunderte mich, wie normal und sachlich meine Stimme klang. Michail sah mich erwartungsvoll, aber mit geduldiger Freundlichkeit an. »Ich muss ein paar Telefonate machen. Vorher kann ich dir nichts versprechen. Aber ich versuche alles, damit es klappt.«

Zufrieden lehnte sich Michail in seinem Stuhl zurück, hob sein Weinglas und prostete mir zu. *»За здоровье (sa sdarówje)!«*

Mechanisch nahm ich mein Glas Wasser und tat es ihm nach: *»За здоровье!«*

## MÜNCHEN – WIEN:
# Der Plan und die Pause mit Sergiu

Zurück im Zimmer rief ich zuerst Harry an. Und war überrascht zu hören, dass er bereits mit Danylo Kontakt aufgenommen hatte.

»Also meine Ladung steckt in Győr, stimmt's?«, fragte er und setzte im Anschluss daran einen ordentlichen Fluch ab.

Ich wollte nicht gleich mit meinem geplanten Einsatz herausrücken, interessierte mich vielmehr für die Rolle der Polizei bei der Sache. Aber Harry hatte wenig Hoffnung.

»Dein Freund Danylo war ja wohl selbst mal bei der Bande. Nicht gerade ein gutes Zeugnis, aber er ist anscheinend sauber. Sonst hätte er ja wohl keinen Grund, uns zu helfen. Er weiß, dass die Kerle einen guten Draht zu den Behörden haben, jedenfalls in Ungarn und der Ukraine. Die werden geschmiert. So eine Art Mafiasumpf. Keine Chance, wenn wir uns auf die verlassen.«

Das klang niederschmetternd. »Und? Was sollen wir jetzt machen?«, fragte ich resigniert.

»Verdammt noch mal, das weiß ich auch nicht«, donnerte Harrys Stimme durchs Handy. »Aber untätig rumsitzen kann ich auch nicht. Ich bin schon unterwegs nach Győr, bin schon hinter Wien.«

Ich war sprachlos.

»Ach, und dein Kumpel Danylo sitzt neben mir. Ganz schön scharfes Kerlchen, das muss ich dir lassen. Und du hast ihm ziemlich den Kopf verdreht, wenn ich das richtig verstehe.«

Ich hörte ein Rauschen und Knistern, dann war Danylo dran, hatte Harry das Handy wohl weggenommen, bevor er noch mehr Peinlichkeiten von sich geben würde.

»Hör nicht auf ihn«, meinte er. »Wo steckst du?«

»Bei Michail«, antwortete ich, erklärte seine Absicht, mich mit nach Győr zu nehmen, um die Ladung dann nach Charkiw zu fahren, zusammen mit einem weiteren Fahrer, der in Győr zusteigen würde, damit wir nonstop durchfahren konnten.

»Was?«, rief Danylo.

Ich fügte hinzu, dass ich anschließend zurück nach München fliegen sollte. Mit dreitausend Euro in der Tasche. Danylo sagte nichts dazu, redete stattdessen mit Harry, beide Stimmen laut und erregt, aber ich konnte nichts verstehen. Dann wieder Harry: »Fahr hin«, meinte er.

»Aber ich …«

»Fahr hin«, wiederholte er eindringlich. »Wir haben beinah einen Tag Vorsprung. Uns fällt bestimmt was ein, bis du da bist. Versprochen. Bitte, Chris, lass mich jetzt nicht im Stich.« Dann war die Verbindung unterbrochen.

Ich rang mit mir. Hatte eine Scheißangst. Besann mich auf die vielen Male, die Harry mir geholfen hatte. Ohne mehr als nötig zu fragen, auch wenn es für ihn mit Schwierigkeiten verbunden war, ohne an sich zu denken. Ganz selbstverständlich. Wie ein wahrer Freund.

Also willigte ich gegenüber Michail scheinbar ein. Meinem Onkel erzählte ich nur, dass ich ein paar Tage frei brauchte, schob vor, einem Kumpel beim Renovieren zu helfen. Onkel Karl reagierte ziemlich gelassen und meinte, das sei schon okay, er könne die Dienstpläne der Fahrer entsprechend anpassen. Michail war hocherfreut, als ich mich mit seinem Plan einverstanden erklärte, schloss mich rührselig mehrmals in die Arme und sprach von ewiger Freundschaft. Mir war elend zumute, bei dem Drama mitzuspielen, aber ich hatte mich entschieden. Michail war ein Dieb, ein Betrüger und sicherlich auch ein Lügner. Ich wusste, wer mein richtiger Freund war.

Michail erklärte mir die weitere Vorgehensweise. Ich sollte mit meinem Truck nach Győr fahren, eine Ladung aufnehmen, und dann ging es weiter nach Charkiw, knapp zweitausend Kilometer.

»Wo genau muss ich die Ladung abholen?«, fragte ich, denn der Ort war mir noch nicht genannt worden.

»Ruf an, wenn du kurz vor Győr bist, dann sag ich dir, wo du hinmusst.«

Ich fuhr zu dem Parkplatz, auf dem mein Truck stand, zahlte die Standgebühr und machte alles für die Fahrt bereit. Als es an der Tür klopfte und ich öffnete, erschrak ich richtiggehend, denn draußen stand Sergiu! Woher wusste er, wo ich war? Hatte Michail ihn geschickt? Stattdessen behauptete der Kerl, dass er die Hilferufe wegen der geklauten Ladung im Chat mitgekriegt hatte. Seitdem hatte er versucht, mich zu erreichen. Es war leicht gewesen, mich zu orten, weil ich sein Profil angeklickt hatte, aber leider schon offline war, als er sich melden wollte. Den Parkplatz hatte er schnell gefunden.

Und er würde vielleicht helfen können, meinte er geheimnisvoll. Ich ließ ihn mit gemischten Gefühlen einsteigen. War das ein weiterer Trick von Michail? Gehörte Sergiu noch immer zu der Bande? Ohne auf die Geschichte einzugehen, hörte ich erst mal nur zu. Sergiu gestand, tatsächlich mit den Kerlen an einigen Diebstählen beteiligt gewesen zu sein. Die ungarische Polizei hatte ihn wegen eines kleinen Drogendelikts festgenommen, und dann sei urplötzlich ein Anwalt aufgetaucht, habe ihn aus dem Gefängnis geholt und zu der Bande gebracht. Die habe ihn erpresst, gedroht, ihn zurückzuschicken, wenn er sich weigerte mitzumachen, ihm gutes Geld in Aussicht gestellt. Er vermutete, dass sein gutes Aussehen den Verbrechern in die Hände spielte, und dass er schwul war, sei bekannt gewesen, das passte natürlich gut. Also fungierte er als Lockvogel.

Doch er schwor beim Leben seiner Mutter, mit der Sache hier nichts zu tun zu haben. Er sei schon vor mehreren Wochen ausgestiegen, hatte die schwere Krankheit der Mutter genutzt, um erst mal wegzukommen. Allerdings war es nicht seine Absicht, sich erneut für die üblen Machenschaften einspannen zu lassen. Seine ganze Hoffnung war es, bei seinem Bruder in Deutschland Schutz zu finden. Auch die Mutter sei inzwischen in Wuppertal und in ärztlicher Behandlung.

Als er Harry getroffen hatte, war das seine vierte Fahrt

für ein deutsches Unternehmen gewesen, aber im Moment gab es keine weiteren Aufträge für ihn.

Auf meine Frage, warum er helfen wollte, antwortete er schlicht, dass es ihm leidtue, Teil dieser verbrecherischen Machenschaften gewesen zu sein. Er hatte die Diebstähle, die die Bande verübte, in den Chats verfolgt und irgendwie sogar auf eine Chance gewartet, den Kerlen das Handwerk zu legen. Schließlich war er selbst Trucker und konnte nachvollziehen, welchen Schaden sie anrichteten.

*»And I really like you«*, meinte er noch und sah mich mit einem Blick an, der Steine hätte erweichen können.

Sergiu kannte die Anlaufstellen der Bande und glaubte zu wissen, wo in Győr die Ladung steckte. Also beschlossen wir, dass er mit nach Bratislava fahren sollte. Dort würde er sich ein Auto beschaffen und zu dem Gehöft bei Győr fahren, wo er sich als der zweite Fahrer für die Tour nach Charkiw ausgeben würde. Der andere würde nicht mehr gebraucht. Eine passende Geschichte könnte er sich bestimmt einfallen lassen, versicherte er mir. Wir waren uns einig, dass er erst kurz vor meiner Ankunft dort auftauchen sollte, damit keine Zeit mehr für eine richtige Klärung wäre. Ein paar passende Stichworte und Namen mussten reichen, um seinen Einsatz zu begründen.

Die Fahrt bis Wien verlief reibungslos. Ich hatte genügend Zeit, Harry und Danylo zu informieren. Sie wunderten sich, als ich ihnen von meinem unverhofften Mitfahrer erzählte. Aber nachdem ich ihr Misstrauen zerstreut hatte, waren sie von seinem Plan überzeugt. Sie hatten vorgesehen, Danylo einzusetzen, aber das wäre sicher gefährlicher gewesen. Schließlich hatte er die Bande einfach verlassen, war ohne Absprache abgehauen, während Sergiu sich vorgeblich nur um seine kranke Mutter gekümmert hatte. Keiner der Männer – falls ihn einer erkennen sollte – würde Verdacht schöpfen.

Eine merkwürdige Erregung hatte mich ergriffen, eine Mischung aus Abenteuerlust und Angst, Nervosität und Tatendrang. Ich war in Gedanken ganz bei dem, was passiert war, und dem, was passieren konnte. Die meiste Zeit saß Sergiu still neben mir, während halblaute Musik von meiner Playlist unser Cockpit beschallte. Es beruhigte mich, ihn neben mir zu haben. Das warme, wohlige Aroma einzuatmen, das er verströmte. Und es gefiel mir, ihn ab und zu anzusehen, sein Profil mit dem silbernen Piercing in der Augenbraue, die kräftige Nase, die wuscheligen Haare. Seine kräftigen, braun gebrannten Arme. Die Hand, die auf dem nackten Schenkel lag – er trug Shorts – und die wie damals auch heute wieder total verdreckt war. Was machte der Kerl nur immer mit seinen Händen? Ich musste grinsen, unsere Blicke trafen sich, und er grinste zurück.

Er lehnt sich rüber und legt mir die Hand aufs Bein. Das überrascht mich, und ich bin mir nicht sicher, ob ich es jetzt gerade mag. Kritisch sehe ich ihn an und werde sofort weich. Die hellen Augen im dunklen Gesicht, dieser klare, seelenvolle Blick, ganz offen, ganz vertrauensvoll, als ob ich nur ein Wort sagen muss, eine Geste, und er ist zu allem bereit …

Aber er nimmt die Hand wieder weg, die Haltung ist unbequem, der Abstand zwischen uns zu groß. Doch auf meinem Bein spüre ich noch eine Weile die Wärme, die sie hinterlassen hat. Und irgendwie strahlt sie aus in Richtung Schritt. Und irgendwie werde ich geil.

Also grinse ich ihn wieder an, interessierter jetzt, und er grinst zurück, breit, versteht.

Beim nächsten Rastplatz fahre ich ab.

Kaum hab ich den Motor abgestellt, rutscht er auch schon rüber, auf mich, und küsst mich. Heiß und leidenschaftlich – und er schmeckt unheimlich geil. Ich fahre mit den Händen unter sein Shirt, an die warme, glatte Haut. Er sitzt breitbeinig auf meinem Schoß und reibt sein Becken an mir bei unserem Kuss, mein Schwanz wird langsam steif. Sergiu streichelt meinen Kopf, das Gesicht, küsst mich ab und murmelt zärtliche oder geile Worte auf Rumänisch. Mein Schwanz braucht unbedingt mehr Platz!

Ich ziehe schon mal die Vorhänge zu, und Sergiu rutscht runter von mir und tut dasselbe auf der Beifahrerseite. Schließlich ist noch helllichter Tag, und es herrscht ein ziemlicher Verkehr auf dem Rastplatz. So schnell es geht, mache ich also alles blickdicht und packe dann gleich meinen steifen Schwanz aus. Sofort kommt Sergiu rüber und nimmt ihn in die Hand, schenkt mir einen megageilen Blick und ein megaversautes Lächeln und leckt an der blanken Eichel. Die Zunge kitzelt das Bändchen mit schnellem Schlag, dann windet sie sich um den Eichelpilz, sammelt den Vorsaft auf, bevor endlich die warmen Lippen die Kuppe umschließen, an ihr saugen, an der vorgezogenen Vorhaut nibbeln, sich ein Stück weit auf den Schaft schieben.

Der Kerl beugt sich über mich, und ich lege meinen Arm

auf seinen Rücken, fahre mit einer Hand zum Hosenbund, rein und in die Ritze. Heiß und feucht, ich arbeite mich zum Loch vor, spiele mit dem Finger an der geschmeidigen Rosette.

Sergiu schluckt den ganzen Schwanz jetzt, brummt wohlig, genießt meinen Finger am Loch. Gerade will ich vorschlagen, dass wir nach hinten gehen, wo wir mehr Platz haben, da steigt Sergiu ab, zieht sich die Shorts über die Stiefel aus und setzt sich rittlings auf mich. Noch ist mein Schwanz nicht drin, aber Sergiu wartet nicht, bis ich die Initiative ergreife, sondern spuckt in seine dreckige Hand, greift sich das Ding, grinst mich an, während er die Spucke auf der Eichel verteilt, und schiebt seinen Arsch drauf.

Aaah, der enge Ringmuskel gibt nach und lässt die Eichel eindringen. Sergiu wippt schnell auf und ab, und langsam bohrt sich mein Bolzen in die heiße Muffe. Nach ein paar Anläufen ist er drin, und Sergiu sitzt schwer auf mir, bewegt das Becken sachte, kreist, drückt vor und zurück, kreist wieder. Dabei schlingt er die Arme um die Rückenlehne, der Moschusgeruch, den seine Achseln direkt neben meinem Kopf verströmen, ist pures Aufputschmittel! Wir sehen uns in die Augen, küssen uns, verschmelzen, sind eins.

Ich spüre jede Muskelbewegung, die meinen Schwanzprügel erfasst, das anschmiegsame Fleisch presst jede Menge Vorsaft aus ihm raus, durch jeden meiner leichten Stöße wird auch meine Prostata stimuliert, und mehr Saft fließt, die ganze Sache wird flutschiger, mhmm! Es gefällt mir, wie der nackte Arsch auf meinen Eiern rumrutscht –

oh! Als sich die Kiste wieder hebt und senkt, ist das auch geil, dieses sanfte Aufklatschen beim Landen auf dem Sack.

Der Kerl hebt jetzt einen Fuß hoch und setzt ihn auf den Sitz, dann den anderen. In dieser Hockstellung kann er meinen Fickkolben richtig reiten, stöhnt dabei leise und gleichmäßig, im Rhythmus der Stöße, ist ganz bei sich. Den Kopf legt Sergiu locker auf meine Schulter, lässt sich hochschaukeln, lässt sich davontragen, genießt meinen Schwanz im Arsch, genießt diesen Fick.

Und riecht dabei für mich wie Nektar und Ambrosia, macht mich high mit seinem Hormoncocktail. So ein geiler Mann. Mein Schwanz ist stramm wie sonst was, total happy, von der schmatzenden Männerarschfotze gemolken zu werden. Das gleichmäßige Auf und Ab geht automatisch wie unser Herzschlag und kostet uns keine Anstrengung, ist einfach nur genial geil!

Wie im Halbschlaf schiebt sich Sergius Kopf rüber, sein Mund sucht meinen, und wir küssen uns in diesem tranceartigen Zustand. Ganz weich. Ganz instinktiv, unkontrolliert, nur ab und zu die Zungen, die sich zufällig treffen, kurz berühren, die Lippen lecken – ich bin auf Wolke Nummer sieben.

Irgendwann kriege ich mit, dass Sergiu nur noch still auf mir sitzt, meinen Schwanz tief im Arsch, heiß wie ein Brennstab, genauso glühend wie die Arschfotze. Wir sind auf der absolut selben Temperatur, ich und die kleine Drecksau! Verdammt, fühlt sich das gut an!

Da hebt der Wonnemann seinen Prachtarsch, lacht, steigt ab und muss sich die Beine erst mal ausschütteln. Ich grapsche den Kerl von oben bis unten ab, so gut ich rankomme, knurre dabei wie ein Idiot, die ganze Nummer, der ganze Kerl macht mich irgendwie wild. Ich kann mich nicht entscheiden, ob ich ihn stundenlang ansehen und überall streicheln will oder ob er endlich wieder seine feurige Muskelfotze auf meinen Steifen schieben soll.

Stattdessen habe ich plötzlich sein Teil in der Fresse! Sergiu hat sich blitzschnell wieder auf den Sitz gestellt. Ohne großen Anlauf fängt der harte Schwanz an, mein Maul zu ficken, drückt sich gleich in die Kehle und bohrt und bohrt. Ich fasse mit beiden Händen an die Eier des geilen Kerls und kraule die rasierten Dinger mit den Fingerkuppen. Sie sind nicht besonders groß und pressen sich eng an die Schwanzwurzel, lassen sich geil bewegen im Hautsack. Sergius Schwanz ist beschnitten und nicht allzu lang, aber beinhart, die Eichel ein spitzer Zapfen auf dem strammen Schaft, der zur Wurzel hin immer dicker wird, am Ansatz richtig fett ist. Ein geiler Pflock, der sich genial blasen lässt. Sergiu zieht den Fickriemen ganz raus, um ihn mir dann sofort wieder hinters Zäpfchen zu schieben, wiederholt das Spiel etliche Male. Es erregt mich, den harten, spuckenassen Knüppel immer wieder vor Augen zu haben, bevor er wieder in meinen Mund, meinen Hals eindringt.

Sergiu wird wilder jetzt, fickt härter, grunzt und stöhnt, ist kurz vorm Durchdrehen vor Geilheit.

»*Fuck me!*«, ruft er. Und noch mal: »*Fuck me!*«

Er steigt ab und legt sich quer über den Beifahrersitz, zeigt mir seinen geilen Arsch, den er nuttig hin und her schwenkt, wiederholt in einem fort, leise, wie ein Mantra: »*Fuck me, fuck me, fuck me …*«

Mit beiden Händen zieht er sich die Backen auseinander. Der Anblick seiner immer noch verdreckten Hände macht mich noch schärfer, als sie mir das schlampige Fickloch zeigen. Ich komme rüber, spucke mir auf die Hand, schmiere den Speichel über meinen Schwanz und ramme das Teil rein. Bin sofort im siebten Himmel. Geil, so geil, den Kerl von hinten zu ficken, einfach rein, hart und tief, ich kann richtig ausholen jetzt, richtig Dampf reinhauen in die aufgebohrte Muffe. Und ich ficke und ficke und ficke. Vorbei ist es mit dem Tantrasex, keine sanfte Wolke mehr, auf der wir schweben. Hemmungsloser, harter, geiler Männersex! BÄNG! BÄNG! BÄNG!

Ein paarmal versuche ich noch, den Druck in den Griff zu kriegen, will noch nicht kommen, will weiterficken. Es klappt zwei-, dreimal – langsame, ausgedehnte Fickstöße nur noch, erst dann wieder schneller –, aber die Intervalle werden kürzer, der Saft will raus. Dieser Punkt zwischen Lust und Qual, wenn es schon richtig wehtut, wenn der Stau anfängt zu schmerzen, ist mir total vertraut, ich kenne ihn gut. Und lasse es kommen – ah! – ah! – ah! Mit krampfartigen Zuckungen spritze ich meinen Samen ins Innerste, spüre im Orgasmus die Umklammerung des anschmiegsamen Fickkanals, lasse mich abmelken, auswringen, Mann, ist das geil!

Sergiu ist am Japsen, dreht sich plötzlich um, stellt sich vor mich und schießt mir seinen Saft aufs Gesicht, in die Fresse, bevor ich kapiere, was da los ist. So eine Drecksau! Ich muss lachen, während mich mein eigener Orgasmus immer noch schüttelt, ein letzter, langsamer Abgang der Geilheit. Sergiu beugt sich runter, nimmt mein lachendes, verschmiertes Gesicht in die Hände und schlabbert und schleckt es ab, küsst mich zwischendurch, ach, scheiß drauf, der Kerl ist verrückt, aber geil, und sein Sperma duftet und schmeckt genial, ich mache mit und küsse ihn tief, den sexy Balkanmann.

# WIEN – BRATISLAVA – GYŐR:
# Happy Harry

Wir ruhten uns aus, etwas über eine Stunde. Noch etwa achtzig Kilometer bis Bratislava, dann sollte Sergiu ein Auto besorgen und weiterfahren. Jetzt durfte nichts mehr schiefgehen, denn er musste vor mir auf dem Gehöft ankommen, bei Anbruch der Dunkelheit. Aber alles schien zu klappen, die Fahrt nach Bratislava lief wie am Schnürchen. Nach der Nummer vorher konnten wir uns nun viel besser auf unsere Aufgabe konzentrieren, das wunderte mich selbst. Wahrscheinlich hatte sich erst mal die sexuelle Spannung zwischen uns entladen müssen, jedenfalls ging es mir richtig gut jetzt, und bei Sergiu schien es ähnlich zu sein. Wir redeten zwar kaum, aber es war ein wohliges, entspanntes Schweigen. Vielleicht wollte er nicht groß über das reden, was noch vor uns lag. Die potenziellen Schwierigkeiten, die Unberechenbarkeiten, die Gefahr. Ich für meinen Teil wollte noch nicht mal daran denken, bis es so weit war.

Spätestens nachdem Sergiu bei einem Autoverkäufer aus dem Truck gesprungen war, war es aber dann doch vorbei mit meiner Ruhe. Mit klopfendem Herzen folgte ich ihm ins Bürogebäude. Er sprach mit dem Typ hinterm Tresen Slowenisch, machte das ziemlich gut, es gab keine

Probleme. Der Händler zeigte uns einen alten Škoda Felicia, der für den Job passen müsste, und ich zahlte die zweihundert Euro mit meiner Kreditkarte. Den Wagen würden wir nicht lange brauchen und dann einfach stehen lassen. Eigentlich wäre ich am liebsten sofort weitergefahren, hatte den Anruf bei Michail im Nacken, den ich machen sollte. Doch ich musste warten, bis der ganze Papierkram erledigt war, damit es nicht zu verdächtig aussah, wenn ich ohne Sergiu losfuhr. Dann aber düsten wir weiter. Sergiu fuhr wie der Teufel in der kleinen Blechbüchse, ich sah ihm hinterher, dann war er verschwunden, und ich hatte ein dumpfes Gefühl im Magen.

Ich rief Michail an, der mir genau erklärte, wie ich den Treffpunkt finden konnte. Erst mal fragte er – nur mühsam beherrscht –, warum ich verdammt noch mal so lang gebraucht hätte. Ich murmelte irgendwas von Verkehr und Stau, das schien ihm zu genügen. Wie verabredet wollte er demnächst in den Flieger nach Charkiw steigen, wo er mich in zwei Tagen erwarten würde.

Also weiter wie geplant.

Irgendwann hieß es von der M1 abfahren, und es ging über schlechte Straßen in Richtung Győr weiter, sodass ich fast zwei Stunden für die knapp neunzig Kilometer brauchte. Als ich bei dem Gehöft ankam, wurde es bereits dunkel, und es herrschte hektische Betriebsamkeit. Zwei Männer rannten mir entgegen, riefen laut und lotsten mich zu dem Truck, auf dem Harrys Auflieger wartete. Zwei andere machten sich daran, den Auflieger abzukoppeln, alle schrien durcheinander, doch ich verstand kein Wort. Nach dem Einparkmanöver stieg ich erst mal aus.

Ein bäriger Typ, der sich als Sascha vorstellte, erklärte mir, dass ich beim Umladen nicht helfen müsse. Ich könne in der Zwischenzeit was essen und mich mit meinem Mitfahrer bekannt machen. Meine Anspannung stieg, als wir in das baufällige Häuschen traten, und ich war mächtig erleichtert, dort wie erhofft Sergiu vorzufinden. Wir wurden einander vorgestellt, und mein Herz klopfte wild, während Sascha und Sergiu miteinander redeten. Es klang wie ein Gemisch aus Rumänisch und Russisch mit ein paar Brocken Englisch dazwischen und schien gar nichts mit unserer Fahrt zu tun zu haben, es ging vielmehr um Familie – ich hörte einige Male das Wort »Mama«. Ich konnte mir denken, dass Sergiu seine Mutter-ist-krank-Geschichte bereits erzählt hatte.

Dann endlich fuhren wir zusammen weiter. Sergiu lenkte meinen Truck, kannte sich bestens aus. Er berichtete mir, dass alles reibungslos gelaufen sei, die Kerle hätten ihm sofort geglaubt, dass er als zweiter Fahrer für den Truck eingeplant war, zumal einer der Männer vor Ort ihn wiedererkannt hatte. Die Gründe, warum er so lange nicht mehr dabei gewesen war, schluckten sie, ohne daran zu zweifeln. Wir waren froh, als wir außer Reichweite der Bande waren, doch noch hatten wir es nicht geschafft. Dem Plan der Diebe gemäß fuhren wir Richtung Budapest, doch als wir sicher sein konnten, dass wir nicht verfolgt wurden, rief ich Harry an. Eine Dreiviertelstunde später trafen wir uns auf einem Rastplatz vor der ungarischen Hauptstadt. Er stand rauchend mit Danylo vor seinem Truck und winkte, als ich die Lichthupe aufblitzen ließ.

Sergiu und ich stiegen aus, und Harry rannte mir johlend entgegen und fiel mir um den Hals. Ich wehrte ihn ab.

»He, Moment mal, noch haben wir es nicht überstanden«, mahnte ich ihn. Ich jedenfalls war weit davon entfernt, mich zu freuen. Da gab es leider noch hundert Fragezeichen in meinem Kopf, unter anderem: Kriegen wir die Ladung auch heil nach Hause? Wie erklären wir den Bullen, dass sie wieder da ist? Und vor allem: Was, wenn Michail und seine Bande mich drankriegen für die Nummer?

Aber die anderen schienen keinerlei Bedenken zu haben, dass alles erfolgreich ablaufen würde. Danylo und Sergiu begrüßten sich mit einer knappen Umarmung, sie waren zwar Verbündete bei der Sache, aber sie kannten sich ja noch nicht. Ich bemerkte, dass Danylo den anderen prüfend taxierte. Harry hatte ihm Sergiu sicher ausgiebig beschrieben, und wahrscheinlich auch, was wir für einen Spaß mit ihm gehabt hatten. Danylo kam jetzt zu mir, umarmte und küsste mich, aber unverbindlich genug, um nicht gleich peinlich zu werden. Das war mir ganz recht. Wir mussten uns erst mal um den Abschluss unserer Aktion kümmern.

»Ganz schön dreckig, der Bengel«, raunte er mir ins Ohr.

»Ja, geil, oder?«, konterte ich frech und blickte ihn herausfordernd, aber mit einem Grinsen im Gesicht an.

Danylo grinste zurück und boxte mich vor die Brust. »Allerdings«, gab er zu.

»Okay«, lenkte ich zurück auf unser eigentliches Thema und klatschte laut in die Hände, »alles weiter wie geplant?«

Die anderen wurden ernst, wir besprachen uns kurz, sattelten die Auflieger um, und Harry fuhr mit seiner wiedergewonnenen Ladung und Sergiu neben sich als Erster los. Es war mitten in der Nacht inzwischen, und schon wieder bekam ich dieses mulmige Gefühl im Magen, als ich die Rücklichter langsam verschwinden sah. So einfach sollte das gewesen sein? Nur noch heimfahren jetzt, und das war's?

»Ganz schön komisches Gefühl, oder?«, hörte ich Danylos Stimme hinter mir. Wir standen immer noch auf dem Parkplatz, es kam mir alles so irreal vor. Ich war dankbar, dass es Danylo ähnlich zu gehen schien. Ich nahm ihn in den Arm und küsste ihn, wiegte ihn in meinen Armen hin und her, fühlte mich selbst sicherer dadurch, irgendwie getröstet, es würde alles gut gehen …

## GYŐR – MÜNCHEN:
# Motelnummer mit Gefühl

Wie wär's mit einer Nacht in Budapest?« Danylos Frage kam völlig unvermittelt, ich war ganz in Gedanken gewesen. Ich sah ihn fragend an. Er erklärte, dass wir es doch wirklich nicht eilige hätten. Es würde völlig reichen, wenn wir irgendwann morgen oder sogar erst übermorgen zurück wären. Harry würde sich in dringenden Fällen sicher melden, aber was sollte schon passieren? Michail war gerade gelandet in Charkiw, es würde noch Tage dauern, bis er Verdacht schöpfte.

Unser Plan, unsere Hoffnung war es, dass Michail mich zwar anrufen würde, aber machtlos war, wenn ich nicht dran ging. Er würde sicher bis zum verabredeten Tag warten, ob ich kommen würde, und vorher nichts unternehmen. Schließlich waren wir ja wie ausgemacht von aus Győr zurückgefahren. Den ausgetauschten Fahrer nähme er den anderen vielleicht nicht ab und würde Verdacht schöpfen, aber was sollte er machen? Niemand hatte Sergius Handynummer, also konnte er nur warten. Und später? Wir konnten uns nicht vorstellen, dass er eine geklaute Ladung bei der Polizei in Deutschland als geklaut melden würde. Und so weit reichten seine Beziehungen bestimmt nicht, dass die ihm helfen würden. Und in der Liga, dass er uns Killer wegen der Verarsche auf den Hals hetzen würde, spielte er auch nicht. Hoffentlich nicht!

Je länger mir Danylo erzählte, wie alles ablaufen würde, desto mehr glaubte ich ihm, wollte ich ihm glauben. Und als er dann anfing, von einem schönen Hotelzimmer zu schwärmen, in dem er es sich mit mir gemütlich machen wollte, und von der großartigen Stadt Budapest mit ihren Palästen und Brücken und Lichtern, wurde mein Hirn träger, zu träge, um sich Sorgen zu machen. Mein Schwanz meldete sich, verlangte all meine Aufmerksamkeit und drängelte sich ins Zentrum meiner Gedanken. Ich wurde geil.

»Was hältst du von 'nem Zimmer hier im Motel?«, fragte ich ihn.

Er sah mich irritiert an. Dann: »Okay.«

So einfach ging das!

Es hatte etwas wunderbar Wildes, fast Verbotenes, für eine Nacht in dem schäbigen Motel im selben Zimmer einzuchecken. Als wären wir ein Liebespaar, das sich von den Ehepartnern davonstiehlt, um billigen Sex zu haben.

Das Deckenlicht war eine unangenehm grelle Überraschung. Ich hatte um ein Doppelbett gebeten, aber als wir ins Zimmer kamen, waren es nur zwei zusammengeschobene Einzelbetten. Der Raum war spärlich möbliert und roch muffig, ich riss erst mal die Fenster auf. Die kühle Nachtluft tat gut. Ich blieb eine Weile stehen.

Danylo kommt ran, stellt sich hinter mich und umarmt mich, drückt sich an meinen Körper. Ich umfasse seine

Arme, streichle sie, bin noch nicht ganz bei der Sache. Danylo macht sich los, ich sehe mich kurz um, bemerke, dass er anfängt, sich auszuziehen. Ohne Eile und schweigend. Zuerst bleibe ich nur stehen, starre weiter auf den Parkplatz da draußen, alles ist so ruhig, alles geht seinen normalen Gang. Immer häufiger drehe ich mich um, sehe Danylos nackten Oberkörper, er zieht sich gerade die Hosen aus. Die geil behaarten, kräftigen Beine in den Pants lenken endlich meinen Blick weg vom Fenster, ich schmeiße mich rücklings auf ein Bett – das quietscht und wackelt – und bleibe einfach liegen, sehe dem Kerl zu, wie er sich nackt macht. Bin immer noch nicht ganz da, versuche, den Stress aus der Birne zu kriegen. Den Plan beiseitezuschieben. Einfach nur hier zu liegen und dem Mann beim Ausziehen zuzusehen.

Aber da passiert nicht mehr viel, Danylo zieht sich nur noch die Socken aus, die Pants behält er an. Sexy, grün und weiß, sie stehen ihm gut. Er sieht sich um, geht ins Bad, kommt schon wieder raus, zieht die Schubladen des Schranks auf und findet zwei Windlichter. Er zündet sie an und stellt sie auf den Nachttisch neben dem anderen Bett, geht zur Tür, macht das hässliche Deckenlicht aus – viel besser! – und legt sich auf die Bettdecke neben meiner. Es beruhigt mich, ihm bei all dem zuzuschauen, und ich freue mich, als er dann endlich neben mir liegt, wenn auch getrennt durch die Ritze zwischen unseren Betten. Er liegt seitlich, mir zugewandt, einen Arm über meine Brust gelegt.

Ich streichle seinen Arm wieder, halte ihn auch oben, will gar nicht, dass seine Hand runterwandert, mir an die

Hose geht. Aber Danylo drängt nicht, ist wahrscheinlich über die Ruhe gerade genauso froh wie ich. Wir liegen da, starren beide an die Decke, auf die flackernden Schatten, die die Kerzenflammen über uns tanzen lassen. Wir streicheln uns, ganz leicht nur, ohne Anstrengung. Ein Fuß schiebt sich über meine Unterschenkel, bleibt liegen. Langsam, ganz langsam fokussieren sich meine Sinne auf den Kerl neben mir, verbinden mich mit ihm. Ich spüre die Wärme, die von ihm ausgeht. Rieche sein Aroma, immer deutlicher. Höre ihn atmen.

Wie von einem Magneten angezogen, drehe ich mich langsam auf die Seite, schiebe mich näher an ihn ran, und auch er kommt näher, wir küssen uns, er lässt meinen Schoß in seine Beinschere gleiten, legt ein Bein einfach über meine Hüften, wir liegen dicht aneinander.

Es erregt mich, seine nackte Haut zu fühlen, zu spüren, wie sich der nackte Kerl an meine Klamotten schmiegt. Ich bin immer noch in voller Montur. Ich koste die Situation aus, taste den appetitlichen Mann ab, fasse ihn überall an, wo ich rankomme, während er sich an mir reibt, geil wird. Unsere Küsse werden leidenschaftlicher, sein Schnauben kommt stoßweise, ein leises Stöhnen schleicht sich hinein, wohlig, entspannt.

Ich schiebe in sanft beiseite, stehe auf und ziehe mich aus. Es ist merkwürdig still, keine Musik, keine Pornos, nur die diffuse Geräuschkulisse des Parkplatzes, die durchs offene Fenster zu uns rüberweht, leise nur, unaufdringlich. Ich höre, wie ein Mann ruft, ein anderer lacht, aber alles weit weg. In dieser Stille schäle ich mich aus den Klamotten raus, und diesmal ist Danylo der Zuschauer. Er beobachtet mich aufmerksam, aber ohne jede Regung, bleibt einfach entspannt liegen. Als ich auch die Unterhose ausziehe, befreit auch er sich schnell von seiner.

Ich bleibe vorm Bett stehen.

Danylo sieht mich an, ohne erkennbare Emotion, als ob ich ein Fremder wäre oder ein so naher Vertrauter, dass keine Verstellung, keine Anstrengung nötig ist. Ein offener, klarer Blick. Dann robbt er rüber und nimmt meinen halbsteifen Schwanz in die Hand. Wichst ihn sachte. Wichst ihn weiter, während er vom Bett klettert und sich hinkniet, genau vor meinen Prügel. Er nimmt ihn in den Mund. Sofort schluckt er ihn komplett, aber er ist ja auch noch nicht hart. Der warme, weiche Mund fühlt sich gut an, ich seufze wohlig, fühle seine Zunge, die über meine Eier schleckt, während der Schwanz tief im Maul steckt, der Bursche weiß, was mich geil macht! Prompt schwillt mein Schwengel an, das Blasmaul saugt fester jetzt, die Lippen drücken den steifer werdenden Schwanz, massieren ihn, Hände, Finger an meinen Eiern, ah …

Ich greife mit einer Hand an den geschorenen Schädel, nur leicht, lasse den Kerl weiterhin völlig selbstständig agieren, er macht das wunderbar.

Mein bestes Stück ist jetzt dick und hart, wird geschleckt und geleckt, mit breiter Zunge die Unterseite, auf und ab, auf und ab, an den Seiten entlang, bevor sich die heiße Maulfotze wieder draufschiebt, fast bis zur Wurzel.

Ich lege die andere Hand an den Kopf, ganz leicht, genieße es, die Bewegungen und die Stoppelhaare an beiden Handflächen zu fühlen, der Bursche ist so wendig und geschickt, dass mein Schwanz zuckt vor Wohlgefühl.

Schmatzend und schlabbernd lässt sich Danylo meinen Vorsaft schmecken, zieht sich mit kreisenden Saugbewegungen meine dicke Latte rein und hat dabei genau das richtige Tempo drauf. Nicht gierig, nicht hastig, sondern ganz genüsslich und konzentriert macht er das, in genial langsamem Takt lutscht er an meinem Saftkolben. Das tut irre gut …

Eine seiner Hände wandert an mir hoch an meinen rechten Nippel. Das leichte Zwicken und Zwirbeln der Finger schickt elektrische Wellen in mein Rückenmark oder sonst wohin, was für ein geiles Gefühl! Jetzt kommt die zweite Hand an meine andere Brustwarze, verwöhnt sie genauso geil. Danylo ist völlig selbstvergessen, lutscht meinen Schwanz mit größter Hingabe und bleibt auch an meinen Nippeln dran. Eine ganze Weile jedenfalls. Ich bin schon gut dabei, hab die Augen geschlossen und wippe leicht vor und zurück, im Einklang mit dem Rhythmus des Lutschmauls, hab immer noch den Kopf zwischen meinen Händen, diesen geilen Männerbürstenkopf. Dann gleiten Danylos Hände an meinen Seiten runter, an meinen Arsch. Er knetet sanft meine Backen, während er sich den Schwanz ins Maul rammt.

Ich stoße fester, auch sein Griff an meinen Backen wird kräftiger, wir geben ein bisschen Gas. Ich ficke seine Maulfotze, packe den Kopf jetzt, halt ihn fest, knalle meinen Bolzen rein und rein und rein.

Plötzlich dreht er seinen Kopf weg, wirft mich raus. Ich fange grad an, richtig Feuer zu fangen, und bin irritiert. Danylo sieht mich von unten an, lächelt unsicher.

»Nicht so«, meint er leise.

Ich kapiere nicht. »Wie, nicht so?«

»Nicht so heftig«, meint er. Dann: »Lass uns Liebe machen.«

Ach du Scheiße, das holt mich ganz schön runter, ich weiß gar nicht, was ich sagen soll. Oder machen. Bleibe einfach stehen, mit zuckendem Ständer und allem.

Aber Danylo ergreift die Initiative, schiebt sich auf dem dreckigen Teppichboden zwischen meinen Beinen durch unter meine Eier, leckt sie, saugt erst an einem, dann am anderen, leckt wieder, krabbelt unter mir durch und hat plötzlich seine Fresse an meinem Arsch. Geil, wie sich der Bart in meine Ritze drängt, wie die nasse Zunge mein Loch kitzelt.

Liebe machen? Ja, mir ist klar, was er meint, ich bin kein Idiot. Also fahre ich runter, lasse ihn gewähren, lasse ihn meinen Arsch lecken, meine Backen kneten, an meinen Eiern saugen. Liebe machen. Da ist kein Fordern, keine tierische Triebgeilheit im Spiel, jedenfalls diesmal nicht. Nur Verwöhnen, Genießen und Lust. Ich hab nichts gegen diese Gangart, ist vielleicht sogar ganz gut jetzt.

Mit dieser neuen Einstellung beobachte ich, wie Danylo wieder meinen Schwanz lutscht, zurück in der Position von vorher, wie er ihn wichst, nicht zu fest und nicht zu schnell. Ich tauche in seine Augen, als er mich dabei ansieht. Und merke, wie mehr Gefühl in die Sache kommt, wie mein Schwanz von ganz anderen Spannungen aufgeladen wird als purer Geilheit. Ich sehne mich danach, mich mit dem Kerl zu verbinden.

Ich ziehe ihn hoch, und wir küssen uns, nass und geil, aber auch zärtlich, erkundend, neugierig. Ich lege ihn aufs

Bett, lege mich auf ihn, die Berührung mit seinen Körperhaaren erregt mich. Meine Nase kriecht in eine seiner Achselhöhlen, saugt den geilen Geruch ein, der ein leichtes Kribbeln in meiner Hirnrinde verursacht. Crazy! Ich reibe mich darin, ziehe mir mehr von dem Hormongemisch rein, lecke mit der Zunge, schmecke salzig-bitteren Kerl, lasse ihn beim nächsten Kuss daran teilhaben, er saugt stöhnend an meiner Zunge.

Unsere Schwänze, unsere Bäuche reiben sich aneinander, die Angelegenheit wird schwitziger, feuchter. Wie selbstverständlich nimmt Danylo seine Beine hoch, umklammert mich, hebt sein Becken an, und mein Schwanz findet seinen Weg. Ein paarmal reibe ich ihn in der Ritze, hole aus und stupse sacht an die Rosette, dann dringe ich ein. Und bin drin. Bis zum Anschlag.

Danylo stöhnt auf, wie erlöst, und auch ich bin erst mal nur happy. Mann, fühlt sich das gut an. Der Gedanke, dass ich einfach so reingerutscht bin, dass Danylo so willig meinen dicken Schwanz aufgenommen hat, macht mich scharf. Wir bleiben so, bewegen uns kaum, nur mein Schwanz zuckt, tief in ihm drin, und er antwortet mir mit seiner Fickmuffe. Ich spüre unsere körperliche Verbindung mit jeder Faser, von der Eichel bis zur Wurzel, und mein Schwanz spürt jede Wellenbewegung, die durch den weichen Fickkanal geht.

Ganz sachte bewegen wir uns, nur in der Körpermitte, drängen uns noch näher aneinander, mein Schwanz reibt sich superangenehm an den Muskelwänden, es passt alles haargenau.

Ich fahre von unten mit den Händen an Danylos Arsch,

drücke ihn an mich, noch fester auf meinen Schwanz, kreise ein bisschen, rühre in dem weichen Fotzenloch, stoße leicht rein, nur ganz leicht, spüre, wie das Fickfleisch mich umklammert, festhalten will, ruhig halten will. Aber die saugenden Bewegungen machen mich noch geiler, ich will mehr davon, stoße fester, entschlossener.

Danylo stöhnt geil auf, ich weiß, ich hab gewonnen.

Ich richte meinen Oberkörper auf, beuge mich zu ihm runter und küsse ihn, stoße dabei weiter zu, nicht zu heftig, aber mit Nachdruck. Der Ausdruck in seinen Augen verschwimmt, als er in die Geilheit abtaucht, aufgibt, loslässt.

Mühelos lässt er sich die Beine spreizen, als ich an die Fesseln greife und sie auseinanderziehe. Und plötzlich kommt er mir entgegen bei den Stößen, will es auch, will es härter, will mehr Dampf.

Ich lege mir seine Beine auf die Schultern, stütze mich vorne an und heble seinen Arsch hoch, kann das geile Loch jetzt viel besser ficken, kann reinbocken, mein Kolben wird heiß und heißer. Der Kerl hat so viel Saft in der Fotze, dass wir gut geschmiert eine ganze Weile lang dabei sind, er lässt sich so wunderbar ficken, rein, rein, rein, noch immer nicht mit voller Kraft, genau so ist es geil, rein, rein, rein. Bereits jetzt, weit entfernt von Vollgas, macht das Bett ganz schön laute Geräusche, quietscht und bewegt sich, bei jedem Stoß kratzt das Kopfende hörbar an der Wand. Das lenkt mich ab, nervt mich, ich kann nicht anders, sehe mich um, denke daran, ein Kissen zwischen Wand und Bettpfosten zu schieben, aber so einfach ist das nicht.

Danylo bemerkt schließlich, dass ich nicht mehr bei der

Sache bin, und versteht, was mich nervt. Er hält mich fest, legt seine Beine um mich, ganz straff, und zwingt meinen Arsch, die Stoßbewegungen aufzugeben. Es ist wieder still. Wir küssen uns, und ich will gerade wieder loslegen, da wirft er mich geschickt ab und steht auf.

»Komm, lass uns das erst mal in Ordnung bringen hier.«

Also schieben wir die Betten von der Wand weg, nackt und geil, wie wir sind. Es ist irgendwie komisch. Ich gucke auf den Abstand zwischen Bett und Wand – etwa zehn Zentimeter.

»Meinst du, das reicht?«, frage ich grinsend.

Danylo grinst zurück. »Mal sehen«, antwortet er, geht dann zu seinen Sachen, holt Zigaretten raus, zündet eine an, blickt mich fragend an, und auf mein Nicken hin reicht er mir den Glimmstängel, macht sich selbst auch noch eine an.

Wir stehen nebeneinander am offenen Fenster und blasen schweigend den Rauch in die Sommernacht. Die Luft ist angenehm, aber auch kühl und sorgt für ein kribbelndes Hautgefühl, das merke ich auch bei Danylo, als ich ihm sanft über den Rücken fahre. Er erschauert leicht, starrt aber weiterhin auf den Parkplatz, zieht wieder an der Zigarette. Meine Hand wird vorwitziger, geht an eine dralle Arschbacke, reibt sie, gleitet in die Ritze, sie ist nass und verschwitzt. Genau wie ich hat Danylo immer noch einen Ständer, konzentriert sich aber noch aufs Rauchen. Nur eine Hand greift an meinen Schwanz, umfasst ihn, drückt ihn sanft.

Als er seinen Kopf zu mir dreht, muss ich ihn küssen. Der Mann hat was an sich, das mich anzieht, ich kann mich nicht zurückhalten. Doch als ich ihn in die Arme nehmen will, wehrt er sanft ab, hat immer noch meinen Schwanz in der Hand, schiebt sich vor mich, reibt den Schwanz an seinem geilen Hintern, streckt ihn mir entgegen, den geilen Arsch.

Klar findet mein Bolzen mühelos das aufgebohrte Loch, dringt ein und ist zu Hause. Danylo beugt sich vor, hält sich an der Brüstung fest, die gerade noch bis zum Oberschenkel reicht, und lässt sich vorm offenen Fenster nehmen. Ein Beobachter könnte ihn sehen, wie er da so nackt mit Ständer vor- und zurückschaukelt, könnte die Bewegungen leicht einordnen, aber das ist uns egal. Es ist sowieso niemand da, jedenfalls im Moment. Der Parkplatz ist menschenleer. Aber allein der Gedanke, dass jederzeit jemand da unten vorbeigehen könnte, ist erregend.

Ich ficke ihn sanft und genüsslich, stehe ganz dicht hinter ihm, streichle ihm Brust und Bauch, wichse auch den Schwanz mal, fasse an die Eier.

Danylo stöhnt leise, sein Hintern schrubbt an mir, drückt mich zurück, fordert kräftigere Stöße. Nichts lieber als das.

Gerade als der Kerl einen Fuß auf die Brüstung stellt, mir sein Loch noch geiler zum Ficken hinhält, geht eine Gruppe Männer über den Platz. Sie quatschen und lachen, kommen wohl aus der Gaststätte. Uns ist das egal, wir ficken einfach weiter, irgendwie hoffe ich sogar, dass wir gesehen werden, egal was dann passiert. Doch die Kerle ziehen weiter ihrer Wege, steigen in ihre Autos und brausen davon.

Wieder Stille. Nur unser leises Ächzen und Stöhnen.

Danylo nimmt den Fuß runter, drückt mich weiter nach hinten, bückt sich tiefer, biegt den Rücken durch, kommt meinem Fickbolzen jetzt richtig entgegen, stemmt sich gegen meine Stöße, lässt sich willig die schmatzende Arschfotze aufspießen.

Wir wechseln aufs Bett. Danylo dirigiert mich auf den Rücken und setzt sich umgekehrt auf mich drauf, auf meine Brust, sodass er meinen Schwanz lutschen kann. Schon saugt der warme, weiche Mund wieder an meiner Latte. Mann, macht der das geil, der Kerl! Er hat auch nichts dagegen, als ich seinen Kopf ganz fest auf meine dicke Rübe drücke, ihm richtig die Kehle stopfe, aaah!

Ich lasse ihn wieder selbst machen, widme mich lieber dem leckeren Arsch vor meinem Gesicht. Willig schiebt er sich näher, als ich mit beiden Händen die Backen knete, drängt sich an meinen Mund, der nur zu gerne an dem heißen Loch saugt und leckt. Ich schiebe einen, dann zwei Finger rein, fühle die feuchte Hitze, das warme, weiche Fickfleisch, werde geiler und geiler, will ficken, aber das Lutschmaul ist zu gut, zu genial, er macht das wirklich großartig, mhmm.

Also schlabbere ich eine ganze Weile durch die Ritze und genieße den Maulfick, den der Kerl da abzieht. Denn mittlerweile hat er ganz schön Tempo aufgenommen, saugt und bläst mein Rohr immer wilder, zieht dabei an meinen Eiern, ist genauso geil wie ich, kann gar nicht genug kriegen.

Und hört trotzdem urplötzlich auf, schade! Dreht sich auf mir um, beugt sich runter und küsst mich, richtig heiß und geil. Und sieht mich an, mir direkt in die Augen, während er nach hinten greift und sich meinen Schwanz einführt. Mühelos schlüpfe ich rein, kann es kaum erwarten, zu ficken, mich zu bewegen, die geile Drecksau durchzuknallen. Doch sein Blick hält mich fest, bannt mich, lässt mich stillhalten, während er langsam und kontrolliert auf meinem Schwanz auf und ab reitet.

Es macht klick, und schon wieder wechselt der Erregungslevel, es ist nicht mehr nur mein Schwanz, nicht mehr nur die Arschfotze, es ist der ganze Kerl, den ich ficke, der sich ficken lässt, der diese Verbindung auskostet, es fühlt sich gut an. Mein ganzer Körper glüht von innen her, angefeuert von Danylos seelenvollem Blick, mein Schwanz bleibt hart, aber mein Herz wird weich, fühlt sich fantastisch an, das alles, unglaublich gut …

Ich muss ihn wieder küssen, stemme mich hoch und tue es, unsere Lippen bleiben sanft, unsere Leiber drängen sich aneinander, wir umarmen uns, Mann!, mein Schwanz läuft grad über vor Lust in dem weichen Kerl drin.

Ich kippe ihn nach hinten, und wir müssen beide kurz lachen, weil das Bett schaukelt und quietscht wie ein rostiger Anhänger auf einem Feldweg, aber ich bleibe drin. Hab den Mann unter mir jetzt, er macht die Beine breit, empfängt meine Stöße, sieht mich wieder mit diesem Blick an, und diesmal lenkt es mich ab, wird mir zu viel.

Spielerisch greife ich nach meinem Shirt, das in Reichweite auf dem Bett liegt, und lege es über seinen Kopf. Danylo lacht wieder und nimmt es runter. Ich lege mich auf ihn, ohne den Schwanz rauszuziehen, bleibe einfach drin.

»Deine Augen machen mich verrückt«, flüstere ich ihm ins Ohr.

Er kichert geschmeichelt.

»Komm, probier's mal«, sage ich, »lass dir die Augen verbinden. Lass dich einfach fallen.«

Er lacht kurz, unsicher, weiß nicht, was er sagen soll, aber ich bin schon wieder oben, lächle ihm aufmunternd und beruhigend zu, will, dass er mitmacht, mir ein Geschenk macht, falte langsam das Shirt zu einem langen Band, und er schließt seine Augen, lässt sich den Stoff umlegen, ich knote ihn in seinem Nacken fest.

Wow, ich bin wie erlöst, von einem Zauber befreit, brauche erst mal einen Moment, um mich zu sortieren.

Da liegt er, der geile, nackte Kerl, ich kann mich gar nicht sattsehen an ihm. Die behaarte Brust mit den niedlichen Nippeln, die Schultern, der Hals, die Arme – alles an ihm ist perfekt. Ich fasse an seine Beine, die kräftigen, haarigen Fußballerbeine. Sanft streichle ich über den Flaum, umgreife mit jeder Hand eine Fessel, halte sie einfach fest und steige erst mal aus.

Danylo legt unsicher seine Arme über die Brust, ganz entspannt, aber er zittert ein bisschen. Er hat den Mund leicht geöffnet, als ob er mehr Luft bräuchte, aber seine Nase liegt frei, er ist wohl nur aufgeregt. Ich genieße den Anblick, kann kaum erwarten, mich wieder mit dem geilen Kerl zu vereinigen, doch ich halte mich noch zurück. Lege meine Hände um die Fußgelenke, wiege den ganzen Mann vor und zurück, der Hintern schaukelt mit, so ein geiler, geiler Arsch!

Ich schiebe mich ran, Schwanz voraus, bei der nächsten Schaukelbewegung berührt mein Teil die Ritze. Danylo seufzt, er kann sich denken, was ihn da anstupst, seufzt wieder, dreht den Kopf langsam hin und her, legt die Arme über den Kopf. Der Anblick seiner Achselhaare macht mich scharf, ich docke an. Dirigiere den Arsch mit der nächsten Schaukelbewegung auf meine Schwanzkuppe, korrigiere noch mal den Kurs und dringe ein. Nur kurz, noch mal schaukeln, etwas tiefer rein, jetzt nachschieben – Danylo stöhnt, bewegt etwas wilder den Kopf, doch er bleibt ganz entspannt, ein gezielter Stoß – und ich bin drin. Schlüpfe einfach rein, gegen den leichten Widerstand, butterweich ist die Kiste, ich bin selbst überrascht, wie schnell das geht. Danylo scheint ebenfalls irritiert, seine Arme suchen nach mir, und ich lege mich auf ihn drauf, nehme seinen Hintern dabei hoch, mache ganz langsame, lang gezogene Bewegungen. Und Danylo klammert sich an mich, leise stöhnend, ich spüre, wie sich auch seine Arschmuskeln um meinen Schwanz klammern, er will mich nicht mehr loslassen, keine Spielchen mehr.

Geil, in diese Anspannung reinzustoßen, sie damit zu lockern, weich zu ficken, bis er aufgibt, der Kerl. Die Arschfotze wird geschmeidig und willig, je härter ich mich reinbohre, desto heißer wird es in dem Kerl drin. Danylo hält mich immer noch fest in den Armen, lässt mir nicht viel Radius, aber das brauchen wir auch nicht. Kleine Bewegungen, die sanften Reibungen reichen aus, um uns die Verbindung bewusst zu machen, es ist genial. Ich lecke seinen Hals, seine Arme, alles, was ich erreichen kann, ziehe mir sein geiles Aroma rein und bleibe eine ganze Weile so in ihm stecken, reibe mich nur ganz vorsichtig in ihm, mhhmm!

Erst als Danylo mit den Händen an seine Augenbinde

will, erwacht mein Spieltrieb wieder. Ich mache mich schnell frei und halte seine Hände ab.

»He, nicht schummeln«, bitte ich ihn eindringlich, aber freundlich.

Er lacht wieder unsicher, nimmt aber die Hände runter. Brav!

Ich ziehe meinen Schwanz raus und drehe den Kerl um, will, dass er auf alle viere geht. Da er nichts sehen kann, ist das natürlich nicht so einfach, ich muss aufpassen, dass er mir nicht vom schmalen Bett fällt, und er kichert ein paarmal, aber schließlich kniet er quer auf dem Bett, Arsch zur Kante. Ich stelle mich hin, gebe ihm ein bisschen Zeit, sich an die neue Position zu gewöhnen, bleibe ganz still, berühre ihn gar nicht. Erst dann komme ich ran, führe meinen Schwanz zwischen die Backen, genau an die Rosette, drücke ihn rein. Danylo bleibt still, gespannt, also schiebe mich ich tiefer, wippe leicht vor und zurück auf der Stelle, habe einen sicheren Stand, kann das Manöver Zentimeter für Zentimeter weitertreiben.

Langsam kriege ich auch was von Danylo zu hören. Er stöhnt leise, entspannt sich allmählich, erlaubt sich endlich, nur Fotze zu sein, stöhnt gelöster jetzt, freier, lauter. Es ist wie ein Sieg, fühlt sich großartig an, und es macht mich megageil. Ich kann gerade noch den Impuls bremsen, jetzt versautes Zeug zu quatschen, das kennt er auch nicht von mir, aber das ist vielleicht zu viel. Also gebe ich ihm einfach nur meinen harten Schwanz zu spüren, lasse den Arsch tanzen darauf, ficke in diese und jene Richtung, ohne den Mann aus den Augen zu lassen. Der Rücken und die breiten Schultern liegen vor mir wie ein fleischgewordener

Traum, der Kopf wippt im Rhythmus meiner Stöße und unserer Stöhnlaute locker auf und ab, wir sind wunderbar im Gleichklang miteinander, nur verbunden durch Schwanz und Arschfotze.

Danylo greift unter sich und wichst seinen Prügel. »Ist das geil, ist das geil«, murmelt er.

»Willst du kommen?«, frage ich.

»Ja, mach weiter, ja«, antwortet er, und das genügt mir, auch ich will jetzt spritzen. Also packe ich ihn an den Hüften und schalte einen Gang höher, merke schnell, dass der Druck steigt, schalte noch einen Gang hoch, knalle den strammen Arsch jetzt richtig durch und spüre, wie der Saft hochkocht, wie die Glut in mir zum Feuer wird, dann lasse ich los. Aaah! Ich spritze ab, heftig, Sperma quillt aus dem Loch, läuft über meinen Schwanz, ich ficke weiter rein, höre, wie der Kerl hechelt und aufstöhnt, weiß, dass er auch gekommen ist.

Er lässt sich einfach auf die Matratze fallen, ich hinterher, auf ihn drauf, mein Schwanz rutscht aus dem Wonneloch, wir bleiben schwer atmend liegen, genießen das Nachglühen.

Es war eine rundum geile Nacht, in der wir wirklich schafften, alle anderen Gedanken zu vergessen. Nach dem Fick lagen wir noch lange nackt beieinander, streichelten uns und redeten. Danylo erklärte mir, dass er das mit der Augenbinde echt geil gefunden hätte.

»Trotzdem sehe ich dich lieber dabei«, meinte er schlicht. Ich schlug ihm vor, dass er bei mir mal dasselbe machen könnte, damit er vielleicht verstand, warum es mir gefiel.

Doch dazu äußerte er sich nicht groß. Ohne dass er es aussprach, merkte ich, dass ich für ihn nicht nur so ein Fickpartner war. Und weil er es nicht aussprach, fühlte es sich gut an. Wir redeten über Sex im Allgemeinen, es freute mich, dass Danylo nicht unbedingt an Monogamie glaubte. Auch Dreier fand er geil. Als ich ihn direkt fragte, ob er sich auch einen Dreier mit mir und einem anderen vorstellen könnte, wich er aus.

»Ich will dich erst mal nur für mich haben«, meinte er, um gleich darauf hinzuzufügen: »Aber ich hab nichts dagegen, wenn du mit einem anderen Sex hast. Oder einen Dreier machst.«

Das klang schon irgendwie nach Beziehung, aber ich fand das toll. Es war ja noch kein Heiratsantrag. Danylo war wohl trotzdem neugierig geworden.

»Mit welchem von deinen Typen kannst du dir einen Dreier mit mir vorstellen?«, fragte er. »Bitte nicht Harry!«

Ich musste lachen. So gern ich Harry hatte, aber diesen Kerl hier wollte ich nicht mit ihm teilen.

»Nein«, wehrte ich ab, hatte mir sonst dazu noch keine Gedanken gemacht. Dann fiel mir einer ein.

»Sergiu?«

»Der? Echt?«, fragte er erstaunt.

»Ich find ihn echt scharf«, erklärte ich entschieden.

»Ein geiler Typ«, gab Danylo zu, schien zu überlegen.

Doch bevor zu viele Details uns die Stimmung verderben konnten, wechselte ich das Thema, kam noch mal auf unsere Nummer am Fenster zurück, erzählte, wie geil ich das gefunden hatte und wie geil ich ihn fand, und Danylo lachte zustimmend und glücklich.

Irgendwann wurden wir zu müde, um weiterzureden. Wir legten uns eng aneinander in eins der Betten und schliefen ein.

# Angekommen

Zurück bei Harry in Stuttgart gab es zu meiner Erleichterung so gut wie keine Probleme. Die Ladung war da, Harry und der Chef wirkten glücklich, die Polizei hakte die Sache nach einem mehr als diffusen Bericht von Harry ab – er sagte zum Schluss etwas wie: »… aber dann konnten wir mit den Kerlen reden, und die haben uns die Ladung zurückgebracht, keine Ahnung, wer die sind.« Ich änderte meine Handynummer und hörte nie mehr was von Michail.

Danylo und ich suchten uns nach zwei Monaten eine gemeinsame Wohnung. Ich muss sagen, dass es mit ihm super klappte, wir waren beide megaglücklich. Wir waren zwar viel auf Achse und dadurch getrennt, aber wenn wir zusammen waren, lief es genial. Auch mit Sergiu blieb ich in Kontakt, er kämpfte immer noch um seine Aufenthaltsgenehmigung und die Bezahlung der Arztrechnungen seiner Mutter, doch er ließ den Mut nicht sinken und hoffte, durch den Bruder als Bürgen bald alles geregelt zu haben. Als ich ihn einmal fragte, ob er mit mir und Danylo einen Dreier machen wollte, lehnte er freundlich ab. Danylo sei nicht sein Typ, meinte er.

»*But you are*«, fügte er noch mit Schmelz in der Stimme hinzu und lachte dann, wohl wissend, dass der Platz, den er sich wünschte, bereits besetzt war.

Das dicke Ende kam ein paar Wochen nachdem Danylo und ich zusammengezogen waren. Ein kleines Päckchen ohne Absender, darin eine Schachtel und ein Brief. In kyrillischen Buchstaben. Als ich den Schmuck aus dem Seidenpapier in der Schachtel nahm, saß ich auf dem Balkon. Es dauerte einen Moment, bis ich realisierte, was ich da in Händen hatte. Der Stein in der Mitte des Kreuzes funkelte smaragdgrün. Dann erinnerte ich mich an den Farbwechsel. Alexandrit. Bei Kunstlicht rot, bei Tageslicht grün. Mein Hirn setzte aus …

Ich saß bestimmt eine Minute oder so wie gelähmt da, bis Danylo aus dem Bad kam, das Handtuch lässig um die Hüften gebunden. Er erkannte nicht, was ich da hielt, aber merkte, dass ich in einer komischen Verfassung war.

»Was ist?«, fragte er, lehnte sich an die Balkontür.

Ich gab ihm den Brief.

Er war von Tolik Solntse, Michails Bruder! Er schrieb, dass Michail tot sei. Erschossen. (Erschossen! Als ob das das Normalste der Welt wäre!) Und dass er wollte, dass ich diesen Anhänger bekomme. Das hatte er mehrfach erklärt, als hätte er seinen Tod vorausgeahnt. Auch stand da, dass niemand mir ein Haar krümmen dürfe. Am Schluss bat Tolik mich noch, für seinen armen geliebten Bruder zu beten.

Danylo war es, der mir erklärte, in welcher Gefahr wir die ganze Zeit geschwebt hatten.

»Die haben genau gewusst, wo du wohnst. Die wissen, wo wir *jetzt* wohnen.«

Ich war noch ganz woanders, sah Michail vor mir, war geschockt und traurig.

Es brauchte eine Weile und eine Flasche Rotwein, bis ich mit Danylo vernünftig reden konnte. Ich erzählte ihm nicht alles, aber ich berichtete von der Ähnlichkeit, die ich angeblich mit Michails verstorbenem Seelenverwandten Valentin hätte, und Danylo verstand allmählich.

»Er muss dich irgendwie geliebt haben«, meinte er schließlich und starrte versonnen zu Boden.

»Können wir diesem Tolik trauen?«, fragte ich. »Sind wir vor denen sicher?«

Danylo nickte, noch immer ergriffen von der Angelegenheit. »Das Wort seines Bruders ist ihm heilig«, erklärte er überzeugt.

Ich schüttelte wieder den Kopf, konnte noch immer nicht fassen, was da los war.

»Bloß weil ich ihn an diesen Freund erinnert hab? Er hätte uns unheimlich Schwierigkeiten machen können! Ich hab ihn doch voll verarscht.«

»Das ist die slawische Seele«, sagte er, als ob das alles erklären würde. Ich wusste gar nicht, was ich darauf sagen sollte, aber bevor ich reagieren konnte, hob Danylo den Kopf und sah mich an. Seine Augen waren tränennass, der Blick verschwommen, aber plötzlich grinste er.

»Hast du nie Tschechow gelesen?«

Urplötzlich mussten wir beide lachen und weinten gleichzeitig, es war verrückt.

»Was machst du mit dem Anhänger«, fragte Danylo, als wir uns wieder beruhigt hatten und uns in den Armen hielten. »Willst du ihn tragen?«

Obwohl das in mehr als einer Hinsicht großzügige Geschenk mich rührte, würde ich es doch nie umlegen können. Aber ich hatte eine Idee, die ich mit Danylo besprach, wie der überraschende Segen gut angelegt werden könnte. Also ließen wir den Schmuck schätzen und waren erstaunt, dass der Einkaräter wegen seiner besonders schönen Farbgebung beinahe zehntausend Euro wert war und auch gleich gekauft wurde. Sergiu freute sich sehr über das Geld, obwohl er sich zunächst weigerte, es anzunehmen. Erst als ich ihm die ganze Geschichte erzählte, willigte er ein und war so glücklich, dass es auch mich glücklich machte. Und Danylo ebenfalls.

Und von mir aus konnte alles noch 'ne ganze Weile bleiben, wie es war …

# GAY HARDCORE

Max Wildrath
**Gay Hardcore 17:**
**Der Möbelpacker**
176 Seiten, Softcover,
10,5 x 17 cm
ISBN 978-3-95985-406-1
€ 12,99

LKW-Fahrer Roland tritt eine neue Stelle an in einer fremden Stadt. Auf seinen Touren für eine Umzugsfirma erlebt er immer wieder lustvolle Abenteuer. Bald lernt er zwei Kollegen kennen, die schon lange befreundet sind und sich über Abwechslung freuen; manchmal kommt auch Pizzabote Toni dazu. Ob in schummrigen Biergärten, auf entlegenen Rastplätzen oder halb ausgeräumten Wohnungen – das Quartett ist ausgesprochen erfinderisch.

RAGING STALLION
STUDIOS
REAL MEN RAW.
RAGINGSTALLION.COM